ABENTEUER INDONESIEN

Backpacking Bali, Lombok, Sumbawa, Komodo Island & Flores

Abenteuer & Reisebericht

STEFAN SCHÜLER

IMPRESSUM

Abenteuer Indonesien: Backpacking Bali, Lombok, Sumbawa, Komodo Island & Flores

von Stefan Schüler (Autor)

Print-Ausgabe Mai 2017

Siedlung 16
39291 Möckern / OT Tryppehna
E-Mail: stefan@burning-feet.com
Homepage: www.burning-feet.com

Textkorrektorat: Christel Busack

Tag der eBook-Ersteveröffentlichung: 29.06.2016

Sprache: Deutsch

Herstellung: CreateSpace, ein Unternehmen von Amazon.com

ISBN-10: 1535070722
ISBN-13: 978-1535070720

"Es ist einfach, Abenteuer zu erleben. Erschreckend einfach, hast du erst einmal den maßgeschneiderten Anzug der Ausreden abgelegt.
Get out of your comfort zone and challenge yourself!"

INHALT

EINLEITUNG

Die Welt dreht sich nicht, sie schunkelt. Zumindest kommt es mir so in dem Kahn vor, der mich und 17 andere legale Passagiere sowie eine unbestimmte Anzahl an illegal reisenden Ratten von Lombok nach Flores schippert. Wer es jetzt noch nicht erkannt hat, ich bin in Indonesien.
Der alte Schiffsdiesel rattert im Maschinendeck, lässt die gesamte fragile Holzkonstruktion des Kahnes erschüttern und schickt massenhaft beißende Abgase in das von drückender Hitze ächzende Schlafdeck. Wir passieren üppig bewaldete, von Vulkanen in den Ozean gestampfte Inselketten. Die Welt schunkelt und die Seekranken unter uns wälzen sich unruhig von einer Seite zur anderen, während Delfine von ihnen unbemerkt, nur wenige Meter entfernt vom Boot ihre Rückenflossen aus dem Wasser schießen lassen. Zum nächsten Anlegeplatz sind es noch dreizehn Stunden. Dreizehn Stunden, in denen der Bug der Nussschale sich durch auftürmende Wellen frisst und die Sonnenanbeter auf dem Vordeck mit einer erfrischend salzigen Prise Meereswasser einhüllt. Dreizehn Stunden, in denen ich mich wieder meinem kleinen Reiseblog widmen kann. Mit der verbleibenden Energie des Note Pads bringe ich die digitale Tastatur im professionell unprofessionellen Einfingersuchsystem zum Glühen. Zwei volle Wochen war ich jetzt schon in Indonesien unterwegs und es gibt einiges zu berichten.

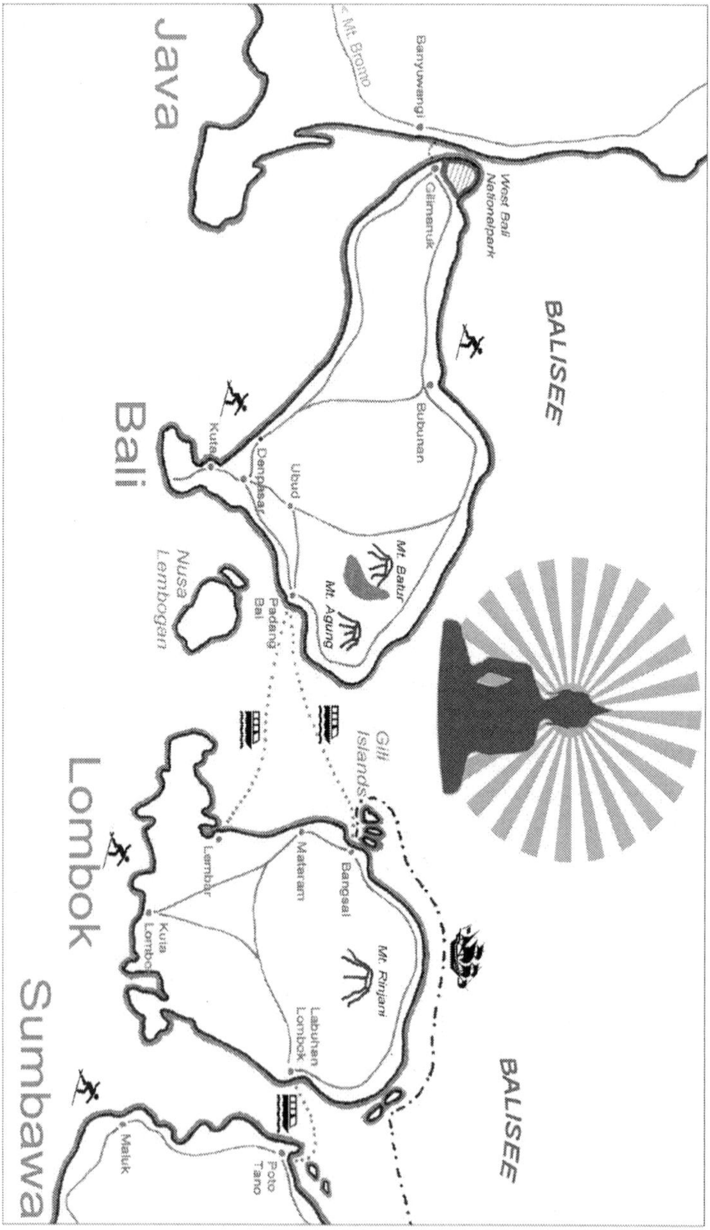
Java
Mt. Bromo
Banyuwangi
West Bali
Nationalpark
Gilimanuk
BALISEE
Bubunan
Bali
Kuta
Denpasar
Ubud
Mt. Batur
Mt. Agung
Nusa
Lembogan
Padang
Bai
Gili
Islands
Lombok
Lembar
Mataram
Bangsal
Kuta
Lombok
Mt. Rinjani
Labuhan
Lombok
BALISEE
Sumbawa
Poto
Tano
Maluk

BALI: EINE INDONESIENREISE BEGINNT

Alle Backpacker reden immer von Indonesien, insbesondere von diesem Bali. Es heißt, Bali wäre der Ballermann 6 der Australier und ein Surfparadies für jeden, der mit einem Stück Glasfiber unter den Füßen umgehen kann. Vereinzelt werden ganz nebenbei im Gespräch alte Tempelbauten, hinduistische Bräuche, freie Liebe oder gar psychodelische Pilze angepriesen, die es angeblich an jeder Strohhütte zu kaufen gibt. Wo ist dieses Bali?

Ein flüchtiger Blick in den Weltatlas verriet mir, dass Bali ein stecknadelgroßes, verschwindend winziges Sandkorn am Rand der kleinen Sunda Inseln im Indischen Ozean ist. In meiner Vorstellung tanzten dort Einheimische am kilometerbreiten, weißgoldenen Sandstrand und meterhohe, mit Kokosnüssen prall gefüllte Palmen bogen sich gemütlich im Rhythmus einer leichten Meeresbrise hin und her. Am Strand standen vereinzelt kleine Bambushütten, an denen die Touris sich mit

Bier, Cocktails, leichten Mädchen und Drogen die Birne wegpusteten. Das Hinterland dagegen stellte ich mir mystisch vor: Dichter Urwald; wilde Stämme, die sich dort versteckten und in den prunkvoll verzierten Tempeln ihren primitiven Göttern huldigten. Kein Touri traute sich ins Landesinnere und wenn doch, würde er es bitter bereuen.

Du siehst, in meinem Dämmerzustand vermischten sich Fantasie, Halbwissen und zu viele Abenteuerbücher aus meinerKindheit a' la Robinson Crusoe. Erneut durfte ich mir eingestehen: Ich war in einem Land gelandet, über das ich nicht die Bohne wusste.

Nach mehreren Monaten in Australien hatte ich mich mit meinem Jeep im Outback überschlagen. Die Karre war Schrott. Ich war wieder trampender Fußgänger und in Darwin gestrandet, im ungezähmten Norden Australiens. Optionen mussten her. Die erste Idee, die mir in den Kopf schoss, hieß Bali. Australiens Mallorca war nur zwei Flugstunden entfernt und der Flugpreis mit 350 Euro gerade noch zu verschmerzen.

Der Billigflieger landete um 1:50 Uhr nachts. Gedanklich tanzte ich schon am Strand mit den Einheimischen, die mit Kokosnussschalen-BH und Strohröckchen frohlockten und mir kulinarische Köstlichkeiten reichten. Doch als ich um sechs Uhr morgens – nach 4 Stunden Schlaf – auf dem kalten gefliesten Fußboden der Empfangshalle des Ngurah Rai International Airport in Bali aufwachte, wedelte lediglich die Putzkolonne mit ihren Wischmoppen. Mein Rücken knackte und statt kulinarischen Geschmacksexplosionen gab es erst einmal ein amerikanisches, koffeinhaltiges Kaltgetränk und eine Tüte Chips. Mit meiner „Landkarte", einem Poster, das ich mir auf dem Trödelmarkt in Australien besorgt hatte, fing ich an, meinen nächsten Schritt im fremden Land zu planen. Immer „pole pole" – ganz langsam – wie ich es auf meinen Reisen in Afrika von den Einheimischen gelernt hatte. Das entsprach auch meiner Philosophie vom Reisen: Lass dich treiben von den Gelegenheiten. Ich hatte ein Touristenvisum für einen Monat und von Stress stand nichts auf meinem Einreisestempel.

Nicht weit südlich vom Airport lag Kuta Bali, der touristische Sündenpool, der Ballermann 6 von ganz Ozeanien. Der Ort, der mich am wenigsten interessierte. Ich gebe zu, ich war plan- und orientierungslos und beschloss, mich erst einmal zur Hauptstadt von Bali, nach Denpasar durchzuschlagen. Mit weniger als einer Handvoll Bussen am Tag, die vom Airport nach Denpasar fahren, lehne ich mich jetzt weit aus dem Fenster und behaupte: das öffentliche Transportsystem ist nicht existent. Dafür warten unzählige private Kleinbus- und Taxiunternehmen auf jeden schutzlosen Touri, der die Empfangshalle verlassen möchte. Wie Ameisen wuseln sie um dich herum und eine Symphonie aus Taxi-Taxi-Rufen schallt durch die Halle.
Für 170.000 Rp (14 Euro) chauffierte mich ein kleiner Balinese, der mir an Körpergröße nicht über die Brust reichte, ins Stadtzentrum von Denpasar. Mit meinem massigen Rucksack stolperte ich durch die engen, vielverzweigten Straßen. Man beäugte mich skeptisch. Die Luft war drückend feucht und der unverkennbare Gestank von Abgasen vermengte sich mit meinem Bukett von Schweiß. Weit oben am Himmel trotzten metergroße, selbst gebaute Flugdrachen dem Wind. 100 bis 200 Meter über dem Zentrum war der ganze Himmel damit gespickt.
In einer kleinen, verdreckten Gasse in der Nähe des Taman Puputan Badung Square übermannte mich der Hunger, als der Duft von Gegrilltem in meine Nase kroch. Eine ältere Frau blockierte den Fußweg. Sie saß auf einem umgedrehten Plastikeimer, vor ihr eine abenteuerliche Konstruktion aus einer metallischen Rinne, in der etwas Holzkohle glühte: ein balinesischer Straßengrill. Irgendeine Art Fleisch brutzelte darauf. Was es war? Keine Ahnung. Aber auf meinen Reisen habe ich mir abgewöhnt Sachen zu hinterfragen, die ich besser nicht wissen sollte. Von Hygiene gar nicht erst zu reden. Die Dame war freundlich, der Preis unschlagbar günstig (20.000 Rp) und ein Einheimischer bestellte auch dort. Es konnte also nicht ganz so schlimm sein. Er bezahlte übrigens 15.000 Rupiah. Es schmeckte köstlich. Etwas nach Hühnchen oder

Schwein am Spieß, dazu eine dickflüssige Erdnusssoße und gekochten Reiskuchen, eingewickelt im Bananenblatt.
Im Sekundentakt schlängelten sich knatternd Mopeds durch die kleine Gasse. Hühner rannten panisch umher und Frauen kippten Eimer voll mit Putzwasser und Küchenresten in die Regenrinne am Bordstein. Während die Suppe blubbernd an uns vorbei lief, kam ich mit dem Einheimischen ins Gespräch. Ich erzählte ihm, dass ich einen Monat lang allein mit dem Rucksack durch Indonesien reisen möchte; dass ich wenig Geld hätte und noch auf der Suche nach einer billigen Absteige für die Nacht wäre.
Es sind die Zufälle, die eine Reise so einzigartig machen. Kaum hatte ich dem Einheimischen davon erzählt, schleppte er mich zu seiner Unterkunft, dem Puri Batur, nur eine Querstraße weiter. Das Eingangstor war schmuckvoll verziert und über dem Türbogen prangte ein großes rotes hinduistisches Hakenkreuz. Ich war fasziniert irritiert und trat ein.
Der fremde Starkpigmentierte legte ein gutes Wort für mich ein. Mit so viel Rückenwind konnte nichts mehr schief gehen und der Besitzer überließ mir ein Zimmer, das normalerweise nur an Einheimische für mindestens zwei Monate überlassen wird. Dafür zahlte ich 140.000 Rp (9,30 Euro) für zwei Nächte. Doch so prunkvoll es von außen aussah, genauso abgelebt und ranzig war es im Inneren: Ein altes Bett, bezogen mit Fußballbettwäsche von Real Madrid,ein Schrank, der in den Angeln hing. Ein blau gefliestes Bad mit Loch im Boden für das große Geschäft und einen kleinen pinken Schöpfeimer, um mich mit Wasser abzuduschen. Hockte ich über dem Kloloch, konnte ich alle vier Wände berühren. Das Zimmer war dreckig, spartanisch und die Bettwanzen piesackten mich nachts. Aber es war vor allem eins: authentisch.

Noch am selben Tag lud mich die balinesische Gastfamilie zu sich ins Hauptgebäude ein. Es gab den obligatorischen Bali Coffee. Ein grausames Gesöff, das jedem Kaffeeliebhaber die Zehennägel hochklappen lässt und mit salzigen Keksen abgerundet wurde. Zudem tauschten wir kleine Mitbringsel

und Lebensgeschichten aus. Ich verschenkte einen rötlichen Kristallstein, den ich Krokodilen in einem ausgetrockneten Flussbett in den Kimberleys (Australien) entrissen hatte. Anscheinend ein wertvolles Geschenk für einen Hindu, steht es doch in ihrer Kultur für Glück. Sofort verschwand mein Gastgeber in einem der verwinkelten Haustrakte und tauchte mit einem alten Krokodilzahn aus Bali auf, übergab ihn mir und führte mich in ihre heilige Familientempelanlage.
In diesem prunkvollen und akkurat gepflegten Tempel befanden sich mehrere Ahnenschreine. Doch von Friedhofsatmosphäre keine Spur. Im Gegenteil, es hatte etwas Lebendiges. Kinder spielten auf den steinernen Stufen und ein weißhaariger, gebückt laufender Greis zupfte in Zeitlupe Blätter von einem Baum. Praktisch die ganze Familie hielt sich in dieser Tempelanlage auf. Geduldig erklärte man mir den komplizierten Aufbau des Tempels, seine Funktion in der Familie und zum Abschluss durfte ich helfen, den traditionellen Flugdrachen, der mehrere Meter an Spannweite besaß, einzuholen. Eine echte Knochenarbeit.

Denpasar aber schien für mich an diesem warmen Samstagabend Ende Mai noch mehr zu bieten zu haben. Als es langsam dämmerte, lief ich zum Taman Puputan Badung Square, mitten ins Stadtzentrum. Dort florierte das Leben. Ein Fest war in vollem Gange, mit traditionellen balinesischen Tanzgruppen und Musik. Eine exotische Symphonie aus Bronzegongs, Xylophonen, Trommeln, Saiteninstrumenten, Flöten und Gesangsstimmen fegte über den Taman Puputan Badung. Als einziger Ausländer setzte ich mich neben hunderte Einheimische ins Gras, zog die Atmosphäre auf und genoss die Darbietungen, die ich für lau geboten bekam. Die balinesische Kultur mit ihren künstlerisch verzierten Tempeln, unbeschreiblich und deren Leute, sie machten einen sehr friedlichen, ausgeglichenen Eindruck auf mich. Im Gegensatz zu Deutschland, ein echter Kulturschock.

Am nächsten Tag war es Zeit, meinen Streifzug durch die Stadt fortzusetzen. Dabei machte mir der verrückte Verkehr zu schaffen. Autos und Roller im Zentimetertakt. Ganze Familien auf einen Roller gezwängt. Mutter, Vater und zwei Kinder. Hier wächst man auf dem Scooter auf und die Kinder schlafen sogar seelenruhig im dicksten Verkehrstrubel. Alles wuselt kreuz und quer, hupt und drängelt sich seinen Weg durch die völlig überfüllten Straßen. Keiner scherte sich um Zebrasteifen. Eine Symphonie des Chaos, in dessen scheinbarem Chaotismus die Ordnung liegt. Ein Chaos, das funktioniert. Wenn in Deutschland einmal die Hupe geht, dann sitzt meist ein wutentbrannter, fluchender Autofahrer hinter dem Steuer. Aggressiv beißt dieser ins Lenkrad und versucht, die Hupe bis zum Anschlag ins Armaturenbrett zu hämmern. Hier tippt man kurz auf die Hupe, grinst dich an, bevor man dir mit Gottvertrauen die Vorfahrt nimmt. Den Dreh hatte ich bald heraus: Wer in Denpasars Zentrum als Fußgänger die Straße überqueren will, der muss mit einer gehörigen Portion Selbstvertrauen auf die Straße laufen und den Verkehr mit ausgefahrener Hand zum Erliegen bringen. Tust du das nicht, dann stehst du dort für Stunden.

Auf meiner Tour durch die Stadt kam es mir vor, als wäre Denpasar ein einziges Einkaufszentrum. Jedes Haus, jeder Türeingang beherbergt mindestens eine Verkaufsbude. Überall brutzelt es und aus den Hinterhöfen weht der unverkennbare Geruch nach Hühnerstall auf die Straße – wahrscheinlich, weil auch hinter jeder Tür einer ist. Eine unüberschaubare Masse an Reizen strömte auf mich ein und ich war völlig überfordert, was „essbar" ist oder auch nicht. Zumindest 99 Prozent davon konnte ich nicht identifizieren. Und je weiter ich mich von den Hauptstraßen wegbewegte, desto schlimmer wurde es. Der Plastikmüll türmte sich in den kleinen Gassen, Dreck wohin man schaute und Häuser, die immer mehr Bruchbuden glichen. Ich war im „Armenviertel" gelandet. Dort, wo die unterste Kaste lebt. Der Bodensatz der hinduistischen Gesellschaft, der sich auf Bali, im Gegensatz zu Indien, nicht über den Beruf etabliert sondern über Zeremonien nach außen getragen wird.

Ein kompliziertes System für Nicht-Hindus und ein unerschöpfliches Gesprächsthema zwischen mir und meinem Zimmernachbarn im Puri Batur. Denn, egal wohin man reist und in welche noch so düstere Ecke man sich verirrt hat, auf Bali stolpert man unausweichlich über die umfangreiche Struktur aus Tempelanlagen, Zeremonien sowie Feiertagen und trifft auf ein ausgeklügeltes Konstrukt an Verhaltensregeln. Nur ein Beispiel: Überall auf dieser Insel der Götter und Dämonen sieht man unzählige kleine Schalen, die auf dem Fußboden, den Fußwegen, auf Mauern oder in Schreinen stehen. Meist handelt es sich dabei um aus Palmblättern geflochtene kleine Körbchen, die Blumen, Öle, Salz, Geld und oft die Zutaten des Betelbissens enthalten. Die Götter und Dämonen werden sich freuen, genauso wie die Affen, die sich damit die Bäuche vollschlagen.
Wer nach Bali reist und sich nicht nur als Pauschaltourist die Sonne am Strand auf den Pelz scheinen oder wie Pascha für ein paar Euro stundenlang mit Öl massieren lässt, der bekommt die einzigartige Chance, in diese faszinierende Kultur einzutauchen.Am besten geht das, wenn du mit einem Rucksack durch das Land reist und versuchst, die Hot Spots für Touristen zu meiden.
Mein zweiter Tag auf Bali neigte sich langsam dem Ende entgegen. Erst Tag Nummer zwei, aber es kam mir vor, als hätte ich bereits eine Woche hier verbracht. Die Ereignisse überschlugen sich geradeso, die Zeit dagegen schien stillzusteh‘n. Das Lustige war, dass ich bis dahin noch keinen Touristen gesehen hatte, und das, obwohl Denpasar nur 10 Kilometer von Sanur Beach entfernt ist, einem der touristischen Strände der Insel überhaupt.
Apropos ausgeklügeltes System an Verhaltensregeln und kulturelle Unterschiede. Nachdem ich mehrere Balinesen getroffen hatte, mich mit ihnen in Englisch oder mit Händen und Füßen verständigte, gab es oft ein Thema, wobei ich mir irritierte Blicke gefallen lassen musste. Das Thema Beziehungen und Heirat. Wie mir später erklärt wurde, muss ein Mann in einem bestimmten Alter verheiratet sein und

Kinder bekommen. Ist man das nicht, stimmt angeblich etwas nicht mit dem Typen. Im schlimmsten Fall geht der Gesprächspartner dann auf Abstand vor dem „unheimlichen“ Single. Da ich mit meinen 31 Jahren schon deutlich über dem kulturellen Verfallsdatum für heiratsfähige Männer auf Bali lag, beschloss ich die Wahrheit wie eine Brezel zu verbiegen. Ab Tag drei war ich offiziell in einer festen Beziehung und meine geduldige Frau wartete in Deutschland darauf, dass ich die Lust am Weltreisen verliere, zurück nach Hause komme und sie schwängere. So war das.

Nachdem das Thema unheimlicher Single vom Tisch war, musste ich die balinesischen Taxifahrer am Taman Putuan Badung Square nur noch davon überzeugen, dass ich nicht für die amerikanische CIA arbeite. Ich und ausländischer Geheimagent? Keine Ahnung, wie die darauf kamen, aber neben dem Taxifahrer wurde ich noch von zwei weiteren Personen darauf angesprochen. Das passiert mir regelmäßig in verschiedenen Ländern. Damit wäre ich wohl der schlechteste Geheimagent aller Zeiten, wenn selbst die Taxifahrer mich enttarnen. Verrückt.

Verrückt ist auch, dass ich die Einladung der Taxifahrer, mich zum illegalen Hahnenkampf mitzunehmen, ausschlug. Sagen wir mal aus ethischen Gründen. Wenn dich das blutige Gepicke und Gekratze bis zum bitteren Tod interessiert, dann frage einfach bei den Einheimischen nach Hahnenkämpfen.

Stattdessen fuhr ich mit meinem frischverheirateten Zimmernachbarn auf seinem Roller zum Nachtmarkt. Der Pasar Kumbasari (23 – 7 Uhr), ein Markt, den man gesehen haben muss, weil man ihn eben nicht sehen muss. Hier verirren sich nur ganz selten Ausländer oder Touristen hin. Und wenn doch, wird man wie ein Alien von oben bis unten gemustert und teilweise auch von rabiaten Marktfrauen auf Balinesisch angepöbelt. Trotzdem ist dieser Markt ein Genuss für die Augen und etwas ganz Besonderes. Neben Lebensmitteln wie Obst, Gemüse, exotischen Gewürzen, Fleisch und Fisch gibt’s Haushaltswaren und Kleidung, die auf den einheimischen Bedarf zugeschnitten sind. Alles frisch und unverschämt preiswert. Auf den Boden solltest du aber nicht zu genau schauen und auch deine Nase sollte Geruchsattacken gewohnt sein, da es bestialisch nach altem Fisch und süßlich nach Hühnerkacke riecht. Für die, die ihren Schönheitsschlaf brauchen, kann ich den Badung Market empfehlen, den größten traditionellen Tagesmarkt in Denpasar.

Mein Zimmernachbar, seine Frau und ich wurden enge Freunde und er mein inoffizieller Tourguide für Bali. Zusammen besuchten wir nachts sein Elternhaus in den überfüllten Straßen Ubuds. Jetzt wusste ich, wo alle Touris in den letzten Tagen abgeblieben waren. Sie hatten sich nicht versteckt, Ubud hatte sie nur wie die Motten ins Licht gezogen. Ich dagegen hatte mit dem Dunstkreis, in dem ich mich in Denpasar bewegte, zufällig eine schattiges Plätzchen entdeckt. Wie dem auch sei. Seine Eltern kamen aus einer höhergestellten, religiösen Kaste, füllten mich mit allerhand Kuchengebäck und Essen ab, das noch von einer Beerdigung übergeblieben war. Sie waren sehr freundlich und interessiert, doch ich spürte, dass sie viel Wert auf die traditionellen Verhaltensregeln und Etikette legten. Damit war ich als Nicht-Hindu so weit von einer respektvollen Etikette entfernt, wie die Amerikaner von der tatsächlichen Mondlandung. Das war mir persönlich peinlich und ich war froh, als wir uns verabschiedeten, um Ubud näher zu erkunden.

Es war Vollmond, zudem ein wichtiger Feiertag im balinesischen Kalender. Etwa 700 Meter westlich von Ubuds Zentrum, kurz vor der Brücke über den Campuhan Fluss, befindet sich rechter Hand (nördlich) eine steinerne Treppe. Sie führt zu einem alten Tempel, dem Pura Gunung Lebah Tempel aus dem 8. Jahrhundert. Der Tempel steht am Zusammenfluss des Flusses Uo mit einem kleinen Bach und damit an einem magischen, energiegeladenen Ort, in dessen Nähe auch die Asche von verbrannten Hindus in den Campuhan Fluss gekippt wird. Nachts triffst du dort keinen unbescholtenen Balinesen an. Dieser Ort ist zur finsteren Stunde den magischen Kräften, wenn nicht sogar den Mächten des Bösen vorbehalten. Als gläubigen Hindu schlotterten meinem Begleiter die Knie, als wir die alte Tempelanlage erreichten. Panisch kramte er seine letzten Zigaretten aus der Tasche und legte diese als Opfergabe auf den steinernen Mauervorsprung. Sein Zustand besserte sich auch nicht, als ich beschloss, dem spärlichen Pfad zu folgen, der hinter dem Tempel über einen kleinen Bergkamm führte. Bis auf das Mondlicht war es stockduster. Glühwürmchen schwebten entlang und wir mussten uns vorsehen, nicht auf eine der vielen lauthals quakenden Kröten zu treten, wollten wir nicht als Kaulquappe wiedergeboren werden. Als undeutliche Stimmen vom Wind über den Kamm getragen wurden, hielt es mein Hindu-Kumpel nicht mehr aus. Die Dämonen und Geister gaben ihm ein Zeichen und wir mussten schnellen Fußes den Rückzug antreten.

Deutlich entspannter und weniger geisterhaft verlief am Folgetag unser Besuch bei den Reisterrassen von Tegallalang. Wenn ich ehrlich bin, konnte ich mir nicht wirklich etwas darunter vorstellen. Bisher hatte ich auf Bali noch nicht eine einzige Reispflanze gesehen, war ich doch nur in Denpasar unterwegs oder nachts durchs Land gefahren. Natürlich gibt's überall auf Bali diese Reisterrassen und auch jede Menge Reisfelder, egal, wohin man fährt. Mein Bekannter aber schleppte mich ausgerechnet zur größten Touristenabsteige. Wie das halt so ist, wenn Besucher aus anderen Ländern deine Gegend besuchen. Dann schleppt der Berliner dich zum Reichstag und der Kölner zum Dom, weil er denkt, du wärst an den größten Attraktionen interessiert.

Die Reisterrassen von Tegallalang sind ohne Zweifel wunderschön anzusehen. Der ganze Hang erstrahlt in einem satten Grün aus Reishalmen und in Serpentinen schlängeln sich unzählige steile und feuchte Trampelpfade auf ihn entlang. Ein kleiner, in den Fels gefressener Bach rauscht hindurch und nicht gerade vertrauenserweckende Brückchen überspannen ihn. Bei einem Rundgang über die Reisterrasse bekam ich einen kleinen Vorgeschmack, welch körperlich anstrengende Plackerei es damals wie heute ist, dort zu arbeiten. Vereinzelt sieht man noch Männer und Frauen in ihrer traditionellen

Arbeitskleidung. Mit kegelförmigem schulterbreitem Strohhut auf dem Kopf, ernten sie den Reis ab und schlagen die Reiskörner vor Ort aus den Halmen. Das alles würde diese Reisterrassen zu einem unvergesslichen kulturellen Erlebnis machen. Dem steht nur eines im Weg: Der Massentourismus und die Abzocke damit. Touris, wohin man guckt. Restlos vollgeparkte Straßen, die flankiert sind von Lokalen und Souvenir-Shops. Auf der Plantage selbst gibt es mehrere „Fallbäume", kleine Hütten mit alten Frauen, wo man für das Passieren einen Wegezoll bezahlen soll. Sogar für ein Foto von einem Arbeiter wird der betuchte Touri unverhohlen zur Kasse gebeten. Machst du das nicht, wirst du freundlich beschimpft. So erging es uns jedenfalls. Das verhagelte mir die Stimmung an diesem an sich tollen Erlebnis.
Tipp: Wenn du genug Zeit auf Bali hast, dann miete dir einen Roller (ca. 4 € pro Tag) und fahre aufs Land. Dort kannst du den süßen Duft der balinesischen Kultur aufsaugen, ohne lästigen Beigeschmack von Abzocke und Massentourismus. Gleiches gilt natürlich auch für Tempelanlagen.

MOUNT RINJANI: AUFBRUCH INS UNGEWISSE

Nach sechs Tagen auf Bali packte mich wieder die Abenteuerlust. Ich hatte meine Dosis hinduistischer Kultur intus und streckte meine Finger nach der nächsten Herausforderung aus.

Wie sich herausstellte, entpuppte sich dieses stecknadelgroße, verschwindend kleine Sandkorn im Indischen Ozean größer als gedacht. Meine Idee, allein mit dem Rucksack quer durch Bali zu laufen, mit dem Fischerboot nach Java überzusetzen, dort die ganze Insel zu durchwandern und über Sumatra nach Singapur und von dort mit dem Flugzeug zurück nach Bali zu fliegen, konnte ich vergessen. Das würde Monate dauern. Diesen Trip setzte ich auf meine To-Do Liste für den nächsten Besuch in Indonesien.

Auch das Umrunden von Bali mit dem Roller, kam mir aufgrund der guten Infrastruktur und des ausgebauten Straßennetzes als wenig abenteuerlich vor. Das größte

Abenteuer dabei hätte mein Hintern auf den chronisch durchgesessenen Sitzbänken der Leih-Mopeds zu bestehen.
Der rettende Einfall kam von einem der Taxifahrer, mit denen ich ab und zu am Taman Puputan Badung Square abhing. Er war Moslem und von Lombok, der nächstgrößeren Insel in östlicher Richtung. Er erzählte mir von einem heiligen Berg, einem aktiven 3.726 Meter hohen Vulkan, den man mehrtägig besteigen kann. Mount Rinjani, der 2010 das letzte Mal Lava spuckte. Er selbst hatte den Rinjani noch nie bestiegen, weil er nicht verrückt sei, wie er mir erklärte, aber für mich war es die Verlockung pur.
Ich schulterte den Rucksack, verabschiedete mich von meinen Freunden in Denpasar und brach auf ins Ungewisse. Mein Tagesziel stand fest: Lombok.

Dass der öffentliche Personenverkehr (public transport) auf Bali einer Fatamorgana gleicht, habe ich bereits geschrieben. Aber so schnell wollte ich mich diesmal nicht geschlagen geben. Ich musste irgendwie zum Seehafen Padang Bai gelangen, wo eine öffentliche Fähre nach Lombok (Labuhan Lembar) übersetzen sollte.
Taxis stehen hier an jeder Ecke, aber die Balinesen fahren lieber mit den billigen Colts (Kleinbussen) und Bemos. In einem dieser Bemos ergatterte ich mir einen Sitzplatz bis Batubalan. Sitzplatz ist stark übertrieben. Für 10.000 Rp quetschte ich meine 1,90 Meter in den umgebauten, mit zwei längsverlaufenden Metallbänken im Laderaum ausgestatteten Mitsubishi Kleinlaster. Es war kuschelig eng. Aufrechtes Sitzen war unmöglich. Schwitzend teilte ich mir Schulter an Schulter die fünf Quadratmeter mit sechs Marktfrauen und ihren halb vollen Körben. Es roch nach einer Melange aus Fisch, Fleisch und Stroh. Anscheinend kamen sie gerade vom Nachtmarkt, konnten ihre Augen nicht mehr aufhalten und schliefen sofort an meinen Schultern ein.
In Batubalan kam die Ernüchterung. Es gab nur einen „public transport“ am Tag nach Padang Bai und der war um 7.00 Uhr morgens. Endstation.

Nach zähen Verhandlungen nahm mich ein Busfahrer für 40.000 Rp (3€) mit zur Abbiegung nach Badang Bai. Zweieinhalb Stunden dauerte die Fahrt quer durch Balis grünes Herz, über Brücken mit tiefen Schluchten, vorbei an Tempelanlagen, durch kleine Dörfer und belebte Städte.
Nachdem ich die ersten Kilometer gelaufen war, fuhr ich auf dem Roller eines Einheimischen per Anhalter bis zum Seehafen. Tada, da war ich. Vier Stunden von Denpasar nach Padang Bai: individuell, aber nicht ganz stressfrei.

Wie die Hyänen fielen die Touristenschleuser über mich her. Ein Tourist mit großem Rucksack ist ein gefundenes Fressen. Und so wird der schutzlos ausgelieferte Tourist mit Zuckerwasser-Tee, Bali-Kaffee und salzigem Gebäck von den aufdringlichen und wortgewandten Profiverkäufern eingelullt. So auch ich.
Für 4.000.000 Rp (270 €) bot man mir eine Besteigungstour (3 Tage, 2 Nächte) auf den Gipfel des Mount Rinjani an, inklusive Transfer mit der Fast Ferry (Speedboot) nach Lombok und anschließend von Gili Trawagan zurück nach Bali. Laut dem Starverkäufer war dieses Tourprogramm nur für richtige Trekker geeignet, die über eine ausgesprochen gute Fitness und mehrere Bergbesteigungen verfügen. Gedanken schossen durch meinen Kopf – die sechs Nullen hinter dem Komma außen vor. Ursprünglich wollte ich versuchen, den Rinjani allein zu bezwingen, aber dabei standen noch unzählige Fragezeichen im Raum. Welche Route? Wie ist der Transport zum Berg? Genehmigungen? Ausreichende Versorgung mit Lebensmitteln am Berg und vor allem, gibt es genügend Frischwasserquellen und wenn ja, wo? Könnte ich überhaupt mein gesamtes Reisegepäck (30 Kilo) bis zum Gipfel schleppen? Ich hatte nicht den Hauch einer Vorahnung, was mich auf diesem Berg erwarten würde.
Je mehr ich darüber nachdachte und die Kosten und Risiken gegeneinander abwog, desto attraktiver wurde der Deal für mich. Der Hin- und Rücktransport war gesichert, für Unterkunft plus Verpflegung gesorgt und ein erfahrenes Team

würde mir am Vulkan zur Seite stehen. Würde ich die ausgestreckte Hand des Touristenschleusers ergreifen, wäre ich am Folgetag bereits am Rinjani unterwegs. Verlockend. Nur an der Preisschraube sollte nach meinem Gusto noch gedreht werden.

Zehn Minuten später war meine Visakarte um 2.250.000 Rp (152€) ärmer. Mit zwei handgeschriebenen Quittungen für den Transfer und die Rinjani Besteigung sowie einer Telefonnummer vom Touranbieter in der Hosentasche, pflügte ich im Schnellboot durchs aufgewühlte Meer Richtung Lombok.
Anderthalb Stunden später, statt in fünf mit der öffentlichen Fähre, setzte ich meinen Fuß auf Lomboks Festland. Alle Fahrgäste wurden abgeholt, nur ich nicht. Keiner wartete wie versprochen mit einem „Mr. Stefan“-Schildchen am Anlegeplatz. Da kannst du nur eines tun: Ruhe bewahren, dich mit den Einheimischen über ihre aufgemotzten Mopeds unterhalten und die Nummer auf dem Fetzen Papier anrufen. Vierzig Minuten später kam ein Kleinbus angebraust und sein Fahrer steuerte direkt auf mich zu. Zwar ohne „Mr. Stefan“-Schildchen, aber immerhin.
Die mehrstündige Fahrt zur Unterkunft kam mir vor wie eine Aneinanderreihung von Beinahneunfällen. Es war Sonnenuntergang und der Fahrer raste mit einem Affenzahn über Lomboks enge Straßen und vorbei an ausgedehnten Reisplantagen. Sicherheitsgurte gab es natürlich keine. Ein Frontscheinwerfer hing zertrümmert herab, nachdem der Fahrer ein Huhn pulverisiert hatte. Mit seinem langen Ganghebel rührte er geduldig im Getriebe, immer auf der Suche nach einem Gang, während er mit der anderen Hand hecktisch versuchte, sich eine Kippe anzustecken. Natürlich durfte die Hupe als wichtigstes Utensil im hitzigen Straßenkampf nicht fehlen. Sie verstummte erst, als wir uns einer Moschee näherten. Zeit zum Beten. Allein blieb ich im Auto zurück, als mein religionstreuer, muslimischer Fahrer zum abendlichen Gebet für zehn Minuten verschwand. Ich war

noch keinen Tag auf dieser Insel, aber die kulturellen Unterschiede zwischen den hinduistischen Bali (90% Hindus) und dem muslimischen Lombok (90% Moslime) waren unübersehbar.

Es war pechrabenschwarz, als wir bei der Unterkunft ankamen. Ich schnackte noch mit den Trägern, ließ mir vom Koch ein köstliches Abendessen auftischen (eigene Kosten) und versuchte mich zu vorgeschrittener Stunde in Konversation mit einigen meiner Mitstreiter. Das war ein multikultureller und aus allen Kontinenten zusammengewürfelter Haufen Mutiger, die es mit dem Rinjani aufnehmen wollten. Alle waren bestens über den Berg informiert, nur ich nicht.

Mount Rinjani: Der Berg ruft

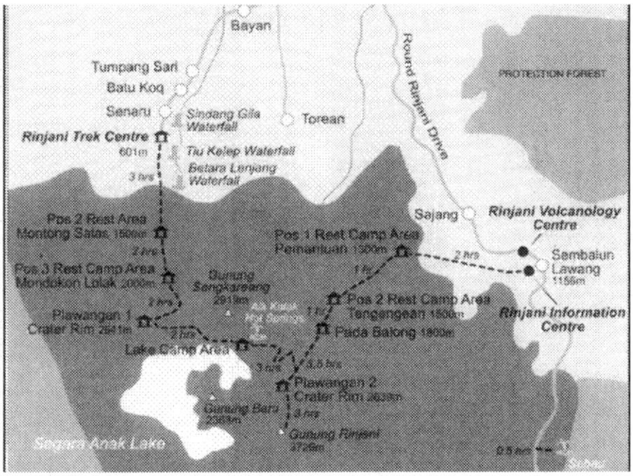

2.50 Uhr „Chicken Time“. Die Nacht war vorüber, als der Hühnerhof neben dem Bettenhaus die Stimmgewaltigkeit seiner Kehlen erprobte. Gegen 5.00 Uhr setzte der muslimische Gebetschor mit ein. An Schlaf war nicht zu denken und so war ich bereits „putzmunter“, als um 6:30 Uhr der offizielle Weckruf durch das Bettenhaus schallte. Es war strahlender Sonnenschein. Der Mond guckte noch zwischen die Kokosnusspalmen hindurch und wie sich herausstellte, war das Bettenhaus idyllisch im Dschungel gelegen, irgendwo an den nördlichen Ausläufern des Mount Rinjani.

Es gab Pancakes mit Bananenstücken, Tee und ein Witze gespicktes Briefing von Mr. Hadi, dem Tourveranstalter. Der Tag schien gut zu starten.
Zweifel kam erst auf, als wir unseren Transporter sahen, der uns zum Ausgangspunkt der Besteigung bringen sollte. Sicherlich kennt ihr den Sketch, in dem sich unzählige Clowns in einen winzigen VW Käfer zwängen sollen. Wie von Zauberhand verschwindet einer nach dem anderen in der Karre. Genauso guckten wir uns auch an. Elf Erwachsene, zwei Porter, ein Fahrer und alle sollten in ein Vehikel passen, mit dem ich nicht einmal eine Palette Blumenerde aus dem Baumarkt nach Hause fahren würde. Nicht zu vergessen, das ganze Gepäck! Ein Turm aus Rucksäcken, Zelten, Lebensmitteln und Wasser stapelte sich 1,50 m hoch im vorderen Bereich der viel zu kleinen Ladefläche des Pritschenwagens. Und jetzt kam das eigentliche Kunststück. Einer nach dem anderen von uns wurde dazugestapelt. Mit etwas Glück durfte man auf dem Boden der Ladefläche hocken, mit weniger, auf der wackligen Bordwand sitzen oder gar stehen. Zwei Wanderer stopfte man auf den Einsitzer zum Fahrer in die Kabine. Simsalabim, das Unmögliche wurde möglich gemacht. Und wenn immer noch jemand über die ausgeklügelte Sitzordnung rumlamentierte, dann schmetterte der Tourveranstalter einfach seinen Running Gag in die Runde: „Long hair long life, long banana happy wife!" Mindestens einer aus der Gruppe hat immer lange Haare und mit einem verschmitzten Grinsen ging die Tour dann los.
Die Blattfedern der Hinterachse quittierten den Dienst und aus dem Motorraum schrien uns die Kolben an. Wie auf einem Kamel sitzend, schunkelten wir vom Hof der Company. Mr. Hadi grinste freundlich hinterher und wiederholte seinen Gag.

Geschlagene zwei Stunden dauerte die abenteuerliche Fahrt

über Serpentinen und durch indonesischen Regenwald, bis nach Sembalun Lawang (1,156 m) in Ost Lombok. Es ging vorbei an Affen, Hunden; Dörfern, dessen Einwohner komisch guckten und deren Kinder winkten. Immer steiler und hügliger wurde das Terrain. Teilweise ist der kleine Transporter mit uns übergewichtigen Weißbroten am steilen Hang stehen geblieben oder bei Abfahrten an die Leistungsgrenze seiner quietschenden Trommelbremsen gekommen. Wie bereits am Tag zuvor reihte sich ein Beinaheunfall an den anderen, als Autos, Roller, Hunde, Einheimische, Ziegen oder Kühe unsere Schlängellinie kreuzten. Eine schmale Asphaltschicht zog sich durch das Land und eröffnete uns eine atemberaubende Naturkulisse. Allein diese Fahrt hätte für mich den Tourpreis gerechtfertigt.

Es wird ernst. Nachdem wir uns in Sembalun Lawang registriert hatten, der Kioskverkäufer das Geschäft seines Lebens gemacht hatte – wir kauften alle Kartons Bang Bang Schokoriegel – ging es endlich auf den eigentlichen Trekk. Mit dem Wasser hatte mein Rucksack ungefähr 15 Kilo. Ein Gewicht, das ich noch bereuen sollte. Dazu später.
Wie das Leben selbst, begann auch dieser Trekk entspannt mit einem leichten Anstieg über offenes Grasland, das von den Dorfbewohnern als Weidefläche für ihre Kühe genutzt wird.
Nach drei Stunden erreichten wir Pos 2 Tengengean auf 1.500 Metern Höhe und konnten einen ersten richtigen Blick auf den Gipfel des Rinjani werfen. Bis hierhin war alles noch easy. Einzig die Sonne brannte unerbittlich und die drückende, vor Feuchtigkeit triefende Luft legte sich zunehmens auf die Lunge.

Nach der Mittagspause wurde es steiler und steiler. So steil und rutschig, dass wir uns teilweise an Cemara Bäumen und Wurzeln den Hang hochziehen mussten. Kein Witz. Von der Taktik sich seitlich am Hang nach oben zu schlängeln, haben die Lombokaner anscheinend wenig gehört oder es interessiert sie nicht. Und so ist der Pfad geradewegs bergauf in den Hang getrampelt. Ich schwitzte und fühlte meine Muskeln schon jetzt. Mir dämmerte, dass es sich hierbei nicht wie gedacht um eine entspannte Wanderung zum Gipfel, sondern um ein hartes Stück Arbeit handelt. An der Natur soll dies natürlich keine Kritik sein. Die war jeden schmerzenden Muskel wert und überzeugte mit tief zerfurchten Kraterhängen, die von einem geschlossenen grünen Teppich aus Gras überzogen waren. Selbst Langschwanz-Makaken ließen sich sehen, tollten herum und labten sich am Müll, den intelligenzfreie Wanderer achtlos weggeworfen hatten.
Nach 10 Kilometern und circa acht Stunden erreichten wir Plawangan Sembalun (2,639 m) unser „Basecamp" direkt auf dem Kraterrand. Über 1.700 Höhenmeter. Meine Hüftbeuger sagten mir ganz deutlich, was sie davon hielten und ich ärgerte mich darüber, dass ich einen Großteil meiner Ausrüstung selbst den Berg hochschleppen wollte. Die anderen Trekker in meiner Gruppe waren schlauer, begnügten sich mit einer

Wasserflasche im Tagesrucksack und ließen die Träger für sich schwitzen.
Richtig verärgert war ich aber über das Plawangan Sembalun Camp. Eine regelrechte Kloake. Es roch nach Pisse. Überall war hingeschissen. Klopapier und Müll wehte über den Kraterrand. Geschätzt 100 Zelte verteilten sich in diesem Camp, es gab nur eine kleine verdreckte Toilette und die wenigsten Touranbieter hatten ein Toilettenzelt dabei. Eine echte Sauerei, wobei der Begriff Ökotourismus eine ganz andere Bedeutung bekommt. Inmitten dieser Sauerei stand mein Einmannzelt.
Abgesehen davon war das Panorama bei untergehender Sonne am Kraterrand bombastisch. Ein tief hängender, undurchdringlicher Wolkenteppich im Hintergrund schirmte uns vom Rest der Welt ab. Im Krater selbst wurde das Sonnenlicht geschluckt und zog langsam die schwarze Decke der Nacht über den Kratersee (Segara Anak). Währenddessen brachten die letzten Sonnenstrahlen den Himmel über Indonesien in allen Regenbogenfarben zum Funkeln.
Das Intermezzo der Sonne war bald vorbei. Nacht kehrte ein und starker, beißender Wind riss die Temperaturen mit sich in den Keller. Es war empfindlich kalt und ich musste alles an Kleidung anlegen, was ich hatte. Anfang Juni hatte ich damit nicht gerechnet und verkroch mich mit meinem Abendessen bestehend aus Tee, Gemüsereis und Ei schnell in den molligen Schlafsack.

Mount Rinjani: Der Gipfelsturm

2:30 Uhr: Wecken. Wieder eine Nacht im Halbschlaf. Zu uneben und steinig war der Untergrund. Zu laut Dough mein Zeltnachbar, der sich schnarchend durchs Mount Rinjani Unterholz sägte. Zu groß die Aufregung.
Drei Uhr nachts. Ich war bereit für den Gipfelsturm. Mit nur zwei Keksen und einer Tasse Tee im Magen sowie alles, was ich an Klamotten auftreiben konnte, ging es los. Bei gefühlten Minusgraden waren drei Stunden bis zum Gipfel angepeilt, um

dort pünktlich den majestätischen Sonnenaufgang über Indonesien zu genießen. Taschenlampen waren Luxus und wurden nicht vom Veranstalter ausgegeben. Zum Glück hatten wir es nur drei Tage nach Vollmond und ich meine eigene Stirnlampe dabei. Erinnerungen an meine Besteigung des Kilimandscharos wurden aufgewühlt. Ein langer Glühwurm aus Taschenlampen schlängelte sich den Berg entlang und kämpfte sich über losen Schotter und vom Nordwest-Monsun ausgespülte, bis zu einem Meter tiefe Rinnsale. Der starke Wind zog an meinen Klamotten, der Schweiß kämpfte sich seinen Weg durch die Kleidung und während ich bei losem Gestein auf allen Vieren vorankletterte, fing die Lunge langsam zu pumpen an.

Als einer der ersten erreichte ich den Sammelpunkt 1, fühlte mich noch relativ gut und beschloss weiter zu gehen. Das änderte sich bald. Als der Wind immer härter ins Gesicht schlug, da erschien der Gipfel unendlich weit entfernt. Ich wurde schwächer, es ging immer langsamer voran und die Pausen häuften sich.

Überall auf kleinen Felsen saßen Trekker oder suchten in kleinen Felsnischen Schutz vor der eisigen Brise, die über den Kamm fegte. Gefühlt wurde ich immer weiter durchgereicht. Wie ein humpelnder Hund schob sich die Meute aus ermüdeten Bergsteigern langsam aber stetig bergauf. Meine Kapuze hatte ich weit ins Gesicht gezogen und meine Finger konnte ich vor Kälte kaum mehr spüren, das in Äquatornähe. Viele der Trekker besaßen keine Lampe und wandelten in der Dunkelheit bergauf. Ein Wahnsinn und unverantwortlich. An manchen Stellen war der Pfad so schmal, ein falscher Schritt und sie würden vom steilen Kraterrand rutschen und erst wieder über tausend Meter weiter unten im Tal zum Stehen kommen. Ein Ausrutscher, der sicherlich mehr als eine Schramme im Gesicht hinterlässt. Ein Ausrutscher am Rinjani, der laut den Guides jährlich zu Toten unter den Touristen führt und das, obwohl der Berg technisch nicht sehr anspruchsvoll ist.

Für viel Mitleid mit den anderen Trekkern war wenig Platz. Ich

hatte meine eigenen Probleme, brauchte etwas zu essen und fühlte, wie ich permanent schwächer wurde. Einmal nickte ich sogar auf einem Stein ein. Womöglich war mein Blutzuckerspiegel abgesackt.
Ich hatte einen rabenschwarzen Tag zum Bergsteigen erwischt. Vom Sonnenaufgang am Gipfel hatte ich mich längst verabschiedet. Ich beschloss in einer Felsenspalte, die etwas Windschutz bot, auszuharren, bis mein Guide Goodday mit Keksen kommt. Er kam aber nie. Definitiv war er weiter oben am Berg. Mit einem Mädel aus meiner Gruppe teilte ich mir in der Felsspalte ihren Schlafsack und zusammen warteten wir auf den Sonnenaufgang, der sich bereits am Horizont abzeichnete. Das war ungefähr auf 2/3 der Strecke zum Gipfel.
Endlich konnte ich einen Guide aus der anderen Tour abgreifen, der mir mit etwas Essen aushalf. Mit sechs Crackern im Magen beschloss ich weiter aufzusteigen. Jeder Schritt schmerzte. Es war unverschämt steil. Der Pfad auf dem Kraterrand war wie mit dem Lineal durch das lose Lavagestein den Berg hoch gezogen und es ging nur noch mühsam Schritt für Schritt voran. Überall saßen Trekker im Dreck und schnappten nach Luft. Die letzten 300 Höhenmeter Geröll verlangten jedem das Letzte ab. Und wenn ich mal im Dreck saß, dann bewunderte ich die fantastische Aussicht und den rotgefärbten Horizont im endlosen Wolkenmeer.
Um 7.30 Uhr, mit 1 ½ Stunden Verspätung, erreichte ich den Gipfel auf 3.726 Metern. Ein befriedigendes Gefühl erfüllte mich, das sich in einem gequälten Lächeln Ausdruck verschaffte. Dort fand ich auch meinen Guide Goodday, der mich schon sehnsüchtig mit Keksen erwartete. Ich war noch nicht mit dem Erinnerungsfotos knipsen fertig, da zog ein anderer Guide eine Asiatin am Arm den Gipfel hinauf. Dort brach sie zitternd zusammen und blieb in Embryonalstellung liegen. Ein leidvoller Anblick, der dem traumhaften Panorama, welches sich vor mir aufspannte, einen faden Beigeschmack gab.
Also knipste ich noch ein paar Fotos vom Krater, dem mächtigen Kratersee Segara Anak und dem qualmenden

Vulkankegel des Mount Baru Jari, der sich aus ihm erhob. Im Meer lagen deutlich sichtbar die drei Gili Inseln und im Westen am Horizont über der Wallace Line sah ich Bali mit dem Mount Agung und im Osten Sumbawa.

Zu deiner Beruhigung: Der Zustand der Frau stabilisierte sich langsam nach 20 Minuten und sie rappelte sich auf. Ich ließ sie auf dem Gipfel zurück und sah sie nie wieder.

Der Abstieg durch das steile 300 Meter lange Lava-Geröllfeld war Spaß und Nervenkitzel zugleich. An einen kontrollierten Abstieg war da kaum zu denken. Vielmehr rutschte ich mit meinen stabilen Bergstiefeln am Steilhang hinab. Halb springend, halb schlitternd in Skifahrermanier, bis ich am zweiten Etappenpunkt am Ende des Geröllfeldes ankam. Meine Oberschenkel waren danach Pudding und ich lief demütig und langsam bis ins Base Camp, wo schon ein doppeltes Frühstück und dreißig Minuten Beine hochlegen auf mich warteten.
Laut den Guides war es ungewöhnlich kalt und windig in dieser Nacht. Von den 150 Bergsteigern, die aufbrachen, erreichten nur die Hälfte den Gipfel. Aus meiner Gruppe schafften es alle. Die einen leichtfüßig und andere – naja, mehr so wie ich. Körperlich gezeichnet von den Strapazen waren wir

alle. Die Info, das wir am gleichen Tag und kurzer Pause noch zum Kratersee absteigen sollten, wurde missmutig abgenickt. Allein die Aussicht auf ein Bad in den Hot Springs (Heiße Quellen), mit der man uns köderte und als Jungbrunnen für unsere geschundenen Körper verkauft wurde, konnte die Motivation beleben.

Der dreistündige Abstieg über die sehr steinigen, steilen Serpentinen lutschte das letzte bisschen Energie aus unseren Oberschenkeln. Die Hot Springs sollten uns entschädigen. Natürlich waren wir nicht die einzigen und teilten uns mit anderen Trekkern das warme Nass. Diese Volldeppen trieben im Heiligtum der Lombokaner mit Schampoo und Kernseife ihr Unwesen. Das war nur ein Tropfen auf dem heißen Stein, denn die Gegend um den See war wie das Base Camp auch, mit Exkrementen übersäht. Dazu kam, dass einheimische Fischer oberhalb des Quellbeckens ihre Wäsche wuschen und ausgenommene Fische reinigten, während weiter unten die Leute fröhlich mit dem Wasser gurgelten. Ich konnte mir das Grinsen nicht verkneifen und hielt beim Schwimmen vorsichtshalber schön den Mund geschlossen.

Unser Guide drängte zum Aufbruch. Er wollte/musste mit uns unbedingt noch weiter am gegenüberliegenden Kraterrand aufsteigen. Angeblich, damit wir am letzten Tag nicht mehr so viel Kilometer machen müssen. Mir ging das gehörig gegen den Strich. Meines Erachtens ist der Zeitplan von 3 Tagen, 2 Nächten absoluter Schrott. Eine Zumutung für die Trekker, die viel zu wenig Zeit haben zur Rast und um die Natur zu genießen. Ich hätte mir gewünscht hier zu übernachten, mit den Fischern zusammen die Holzangeln auszuwerfen und das einzigartige Naturschauspiel im Inneren eines aktiven Vulkans zu genießen.

Zeitdruck ist der Killer einer jeden guten Reise, eines perfekten Abenteuers. Dabei taten mir die Porter leid, die sich über dieses Terrain mit mindestens 20 bis 30 Kilo Gepäck und Ausrüstung abschleppen mussten. Ich mit meinem 15 Kilo Rucksack war dagegen ein echter Glückspilz. Vier dieser

„Packesel“ waren für unsere Gruppe zuständig am Berg. Vier für 11 Trekker. Vier für 11! Dabei waren einige noch Kinder. Angeblich 18 Jahre alt, sah einer von ihnen aus, als würde er noch nicht einmal an der 14 kratzen. Die Jungs und Männer leisteten Großartiges und haben sich meinen aufrichtigen Respekt verdient.
Mitten im Hang, auf halber Höhe zum Krater schlugen wir unsere Zelte auf, machten ein kleines Feuer und schlangen Essen in uns rein, bis die Bäuche schmerzten. Die Stimmung war wieder ausgezeichnet. Alle waren erleichtert, dem Rinjani auf den Deckel geklopft zu haben. Tag zwei ging zu Ende und ich schlief wie ein Toter. Kein Wunder. Auf der Habenseite stand für diesen Tag: 20 Kilometer und 15 Stunden Bergsteigen inklusive Pausen.

Der letzte Tag brach an. Es ging mir körperlich gut, bis auf ein, zwei Blasen an den Fersen und einem Wolf auf der Oberschenkelinnenseite. Nach einer Stunde Aufstieg zum Plawangan Seranu Camp (2641 m) auf dem Kraterrand, ging es nur noch bergab. Eine ganze Armada von Trekkern war plötzlich unterwegs und ich fragte mich, wo diese alle auf einmal herkämen. Alle arbeiteten sich den trockenen Hang hinab, der staubig und rutschig war. Mehrfach wurde die Strapazierfähigkeit der Trekkinghosen im Gesäßbereich getestet, bevor sich der Pfad durch dichten tropischen Wald wand und mit seinen tentakelartigen Wurzeln zum Knieverdrehen und Stolpern einlud.
Nach zehn Kilometern und sechs Stunden erreichten wir das Dorf Seranu (601 m), von dem aus wir natürlich wieder mit dem uns ans Herz gewachsenen Kleinlaster schunkelnd zum Hotel gekarrt wurden.

Mein Fazit: Die Besteigung des Mount Rinjani ist für das, was man geboten bekommt, jeden Cent wert. Sie führte mich an meine mentale und physische Grenze heran und war ein Abenteuer, das ich nicht vergessen werde. Leider gibt es neben viel Licht auch Schatten. So werden mir neben der körperlichen Herausforderung und dem überwältigenden Panorama auch ein Nationalpark im Gedächtnis bleiben, der süßlich nach Pisse roch und vollgeschissen war. Lass dich davon aber nicht abhalten, das Abenteuer Rinjani zu wagen. Du wirst es lieben.

Tipps Rinjani-Besteigung:

- Ich rate dir von einer 3 Tage, 2 Nächte Rinjani-Tour ab und empfehle einen Tag mehr zu buchen. So holst du das Maximale aus deiner Trekkingtour auf dem Pazifischen Feuergürtel heraus. Alles andere ist ein Durchschleusen von Touristen und Abrennen des Trekks.
- Kosten: Bereits ab 130 Euro pro Person kannst du 4 Tage, 3 Nächte direkt am Rinjani Tourist Centre oder im Landesinneren buchen – geschicktes Verhandeln vorausgesetzt.
- Ausrüstung: Zelt (1 Zelt für 2 Personen), Kopfkissen, Toilettenzelt und Kochgeschirr werden gestellt. Schlafsack, Isomatte, Kopflampe und Tagesrucksack musst du mitbringen. Gleiches trifft natürlich auch auf die gesamte Bekleidung inklusive Schuhe zu.
- Energieriegel mitnehmen – unterwegs gibt es nur Kekse.
- Warme Kleidung einpacken, da die Temperaturen bis auf 0° fallen (Gipfel).

KUTA LOMBOK

Lass dich treiben von Gelegenheiten! Statt nach Gili Trawangan zu fahren, organisierte ich mir einen Transfer längs über die gesamte Insel nach Kuta, einem kleinen Fischer- und Surferdorf am südlichsten Zipfel von Lombok. Noch so ein Kuta. Erst Kuta Bali und jetzt Kuta Lombok. Wenn dieses Kuta genauso touristisch und Ballermannähnlich wäre wie das auf Bali oder die Gili Inseln (Gili Trawangan), na dann Prostmahlzeit. Aber die Aussage von meinem Guide Goodday, der mir erzählte, in Kuta Lombok herrschten noch mafiöse Verhältnisse und dass es Gegenden westlich des Dorfes gibt, wo Touristen von Gangs von ihren Rollern gezogen und ausgeraubt werden, erweckte wieder meinen Abenteuertrieb. Ich wollte dem Ganzen eine Chance geben und den Gerüchten auf den Grund gehen.

Für 60.000 Rupiah pro Tag plus Frühstück bekam ich mitten in der Nacht noch ein Zimmer bei Jerry's Homestay. Ich hatte mein eigenes Reich im Hinterhof mit gemütlichem bettwanzenfreiem Bettzeug, einem Klo mit richtiger Toilettenschüssel und kleiner Terrasse, von wo aus ich die Hühner im grünen Vorgarten beobachten konnte. Eine Verbesserung um Lichtjahre im Vergleich zu meinem 0,5-Sterne Zimmer in Denpasar. Ich konnte mein Glück kaum fassen und nistete mich sofort für sechs Tage dort ein.

In Kuta konnte man es aushalten. Ein interessantes Dörfchen, das gerade im Umbruch steckte. Wie bereits in Serengi und Bangsal geschehen, konnte man sehen, dass auch hier die Investoren ihre gierigen Finger in ein unverbrauchtes Stück indonesischer Kultur schlugen. Sie wedeln mit ihren fetten Schecks, um ein profitables Geschäft mit den betuchteren Touristen aus aller Welt zu machen. Überall wurde gebaut. Überall wurden Hotels, Villen und Ferienhäuser aus dem Boden gestampft. So stehen zwischen traditionellen Holzhütten und kleinen Verkaufsbuden der Einheimischen auch immer mehr Boutiquen und „hochpreisige" Hotels mit Pool. Noch ist es ein schöner Mix aus Einheimischen, Surfern, Hippies, Weltenbummlern und vereinzelt etepetete Touristen, die über die staubigen Straßen des Fischerdorfes schlendern. Preislich war für jeden Geldbeutel etwas dabei. Von der gehobenen Klasse mit westlichem Preissegment, bis zum einheimischen Lokal (genannt Warung), in dem die Familie in der Küche schlief oder Fernsehen schaute, während nebenbei das Essen zubereitet wurde. Ich futterte mich täglich durch die indonesische Küche. Oft war ich im Sonya's. Gado Gado, Mi Goreng, Nasi Goreng für je 20.000 oder ein gegrillter Maiskolben mit scharfer Knoblauchbutter für 10.000 Rp. Für einen Europäer – selbst für einen armen Backpacker wie mich – war das spotbillig. Drei Mal warmes, indonesisches Essen am Tag plus Getränke für umgerechnet 10 Euro – dafür musst du nicht selber kochen.
Ungestört allein oder mit Freunden essen gehen oder am Strand entspannen, ist in Kuta Wunschdenken. Permanent wirst du von Einheimischen angesprochen, die von Tisch zu Tisch gehen und T-Shirts, Tücher oder Schmuck anbieten.

Eine echte Geduldsprobe stellen aber die Kinder dar, die in Gruppen wie Wanderheuschrecken alle Lokale und Strände abgrasen, um handgemachte Armbänder zu verkaufen. Eine ganz traurige Angelegenheit, wenn man das System dahinter kennen gelernt hat. Dabei existiert unweit von Kuta ein weiteres Dorf, wo die Erwachsenen täglich hunderte dieser Armbänder flechten und ihre Kinder zwingen, diese unter die Touristen zu bringen. Kleine Kinder, teilweise erst vier, fünf Jahre alt werden bis tief in die Nacht dazu missbraucht. Müde, schon im Halbschlaf betteln die Allerkleinsten unter ihnen die Touristen mit großen braunen Augen an, während es die etwas älteren mit viel Geschick und Charme versuchen. Vor dem Lokal steht dann der erwachsene Aufpasser, der die Kinder immer wieder zurück schickt und dazu antreibt weiter zu machen. Die Kinder taten mir leid, aber ich weigerte mich etwas zu kaufen. Erst Recht, wenn die Kinder rabiater wurden und anfingen mit den Brettern, wo jeweils ungefähr 200 Armbänder drauf waren, zu schlagen oder einen anzustupsen. Ich wollte diese Art der Kinderarbeit und Ausbeutung nicht unterstützen. Und selbst, wenn man etwas kauft, ist das so, als würdest du die Büchse der Pandora öffnen. Ein Kumpel aus England kaufte eines Abends von einem Mädchen 100 dieser Armbänder für einen ordentlichen Betrag. Das Ende war, dass alle anderen Kinder zu ihm kamen und auch ihre Armbänder abgekauft haben wollten. Selbst am nächsten Tag verlangte dasselbe Mädchen, dass er erneut Bänder kauft. Als Tourist kannst du da nur verlieren. Du kannst das System nicht ändern, indem du etwas kaufst. Du kannst nur standhaft bleiben – egal wie schwer es dir fällt – und nichts kaufen und hoffen, dass es für die Eltern nicht mehr lukrativ ist, ihre Kinder auf diese Art auszubeuten. Ein vielschichtiges Problem, für das ich keine Lösung habe.

Nicht, dass du denkst, Kuta bestünde nur aus bettelnden Kindern. Kuta und sein Umland hat einiges zu bieten. Hier meine Highlights:

Strandpartys

Jeden Abend wird in Kuta die Nacht zum Tag gemacht. Unzählige Strandbars wechseln sich täglich mit Events und Livemusik ab. Dabei schmettern die indonesischen Coverbands englische Charts auf unverständlichem Englisch aus ihren Kehlen. Sogar der gute alte Bob Marley erlebt hier sein Comeback, nicht nur musikalisch, sondern auch optisch unter den ortsansässigen Rastafaris. Das schiefe Gejohle stört aber keinen. Warum auch, Alkohol fließt in Strömen und Magic Mushrooms sind leichter zu bekommen als Sand zwischen den Zehen beim Barfußlaufen am Strand. Die Stimmung ist ausgeglichen. Oft geben junge, angetrunkene Einheimische eine spektakuläre Feuershow zum Besten oder das tanzfaulere Partyvolk schart sich um ein Strandfeuer. Ganz weit vorn in der Gunst der Touristinnen stehen die meist noch minderjährigen indonesischen Surflehrer mit ihrem schulterlangen Haar und braun gebrannter Haut.

Surfen

Apropos Surflehrer und Surfen. Kuta ist ein Paradies für Surfer. Jede zweite Verkaufsbude bietet Surfboards, Surfbekleidung an und alles, was zum anständigen Wellenreiten dazugehört. Hier findet man alles, also auch die besten Surfspots der Insel. Ein, wenn nicht der Hauptgrund, warum Kuta von einem popligen Fischerdörfchen zu einem Mekka für Surfer geworden ist. Es gibt die perfekten Wellen für jedes Leistungslevel um Kuta herum und dazu noch günstige Unterkunft und Verpflegung.

Wer surfen möchte, der leiht sich einfach einen Roller mit Boardhalterung für 5.000 Rupiah am Tag aus, fährt damit zu einem der Strände, reitet seine Wellen und versucht sich nicht umzubringen. Das mit dem Umbringen meine ich übrigens ernst. Wir waren in Gerupuk (Spot: Outside Gerupuk) surfen. Am gleichen Spot verunglückte ein erfahrener Japaner tags darauf. Er schlug sich den Kopf am Riff auf, wurde ohnmächtig und seine Fußleine strangulierte ihn. Das war es, Ende mit Surfen. Schlimme Geschichte? Dann frag mal seine

Frau, mit der er auf Hochzeitsreise in Kuta war.
Die populärsten Spots um Kuta, wo die Wellen am schönsten brechen sind: Seger reef (Eintritt 5.000 Rp für Motorräder und 10.000 Rp für Autos); Air Guling; Gerupuk (Eintritt 2.000 Rp, 50.000 Rp für Transport mit Boot zum Surfspot; Aufenthalt 2 Std. im Wasser); Tanjung Aan (für absolute Anfänger).

Strände

Wer nicht unbedingt Surfen möchte, der kann es sich an einem der idyllischen Strände gemütlich machen, im Schatten einer Strohhütte dösen und den Bauch mit frischen Ananas oder anderen Leckereien vollschlagen.
Mittlerweile wollen alle kleinen umliegenden Dörfer um Kuta oder Familien, denen ein Strandstück gehört, etwas vom Tourismus-Kuchen abknabbern. In der Regel musste ich immer einen kleinen Wegezoll abdrücken, um Zugang mit dem Roller zum Strand zu bekommen. Meist war es etwas zwischen 2.000 und 20.000 Rupiah. Einen Obolus, den du unbedingt zahlen solltest, willst du keinen Stress mit den Einheimischen haben. Das Thema mafiöse Verhältnisse kam bereits zum Anklang. Die Typen können ungemütlich werden und es kommt nicht selten vor, dass wie durch Zauberhand plötzlich der Roller oder das Surfbrett verschwunden sind. Das musst du natürlich beim Vermieter mit harter Währung bezahlen. Eine Anzeige bei der Polizei bringt dir da gar nichts. Es würde mich auch wundern, wenn du überhaupt Polizei in Kuta findest. Das ganze Gebiet im Süden ist wie ein abgeschirmter Mikrokosmos. Ich habe nie einen Polizisten gesehen. Keiner der Roller hatte ein Nummernschild und einen Sturzhelm kannte man dort nur aus dem Fernsehen. Man konnte machen, was man wollte. Es interessierte scheinbar niemanden, wenn man sich mit dem 250 ccm Roller und ohne Helm in einem Dunstkreis von 2 Fahrtstunden um Kuta austobte. Ein Gefühl von Freiheit packte mich unweigerlich, wenn wir mit den Rollern durch das kurvige und hügelige Hinterland cruisten oder kleine Rennen ausfuhren. Ganz ungefährlich ist der Spaß nicht gewesen. Schnell mal rannte eine Kuh über die Straße,

hatten Bauern ihren Bauschutt halb auf der Straße abgeladen, sprangen Hühner und Hunde auf die Fahrbahn. Einige junge Backpacker humpelten durch Kuta mit einem Straßen-Tattoo am Bein. Talentfreiheit beim Motorradfahren (Fahrerlaubnis wird nicht kontrolliert), der chaotische Verkehr oder der tückische Straßenbelag, sorgten dafür, dass der ein oder andere sich und seinen Roller schottete. Leider kam es auch vor, dass einer von ihnen mit dem Kopf durch einen Baum wollte. Der Baum steht heute noch, der Backpacker nicht mehr… Da du aber professioneller Mopedfahrer bist, wird dir das nicht passieren.
Ich bin leicht vom Thema abgekommen: zurück zu den Traumstränden. Meine Liste der schönsten Strände sind: Kuta Beach in Kuta Village; Pantai Putri Nyale (Novotel Beach); Pantai Seger (Seger Beach); Tanjung A'an; Mawun; Selong Belanak (mein absoluter Favorit); Mawi.

Mein Fazit: Tourismus zerstört Individualismus! Etwas, das man nicht nur auf Lombok spürt. Flughäfen, zweispurige asphaltierte Straßen, Bars, Resorts und Hotels, die wie Pilze aus dem Boden schießen. Kuta stand gerade an der Schwelle zu dieser massentouristischen Ausbeutung durch die kapitalistische Welt, als ich es im Juni 2015 besuchte. Noch war es ein kleines Fischerdorf mit feiner Surfer- und Backpackerszene. Das Dörfchen war nicht mit Touris überfüllt, die Preise angemessen günstig und viele der traumhaften Strände teilte ich mir mit weniger als einer Handvoll anderer Besucher. Aber ich befürchte, gerade durch den neuen Flughafen im Süden, wird aus ganz Lombok in zwei bis drei Jahren ein zweites Bali geworden sein. Die Westküste um Senggigi, Bangsal und die drei Gili Inseln sind es jedenfalls schon.

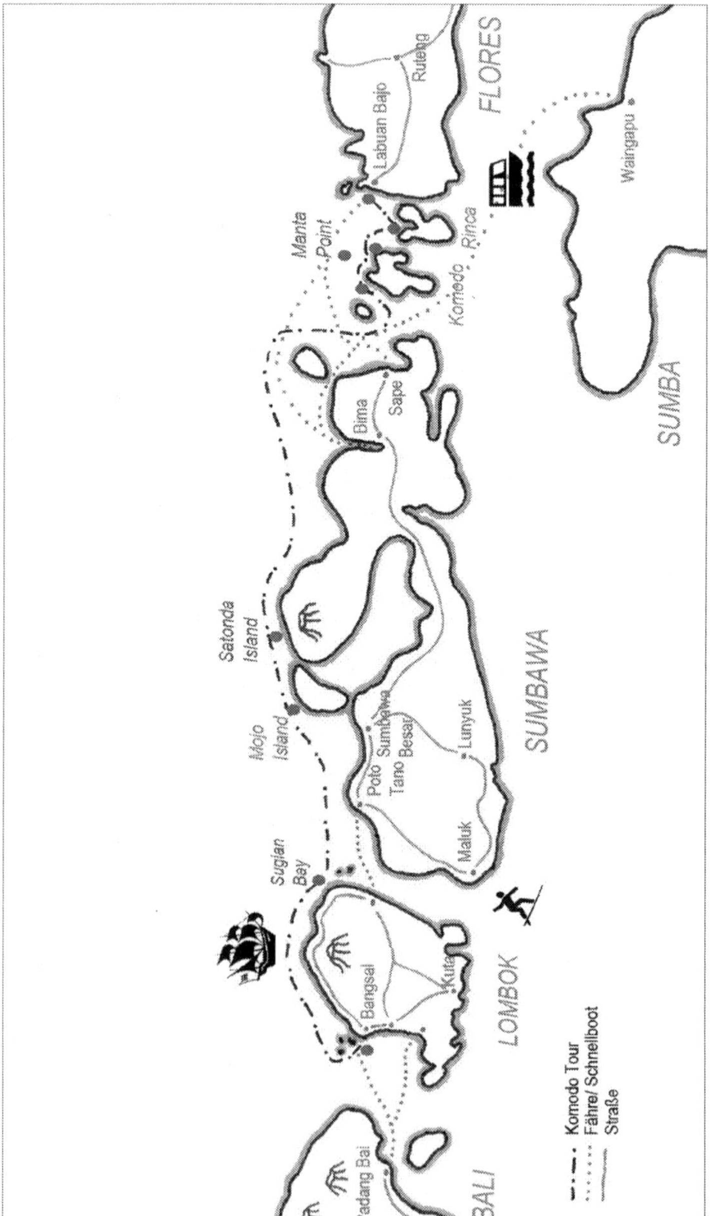
FLORES
Ruteng
Labuan Bajo
Waingapu
Manta Point
Rinca
Komodo
Sape
Bima
SUMBA
Satonda Island
SUMBAWA
Mojo Island
Sumbawa Besar
Poto Tano
Lunyuk
Maluk
Sugian Bay
LOMBOK
Bangsal
Kuta
Padang Bai
BALI
Komodo Tour
Fähre/ Schnellboot
Straße

IN EINER NUSSSCHALE DURCH DEN INDISCHEN OZEAN

Ich bin ein miserabler Surfer. Leider. Einige der Wellen um Kuta, in die ich mich todesmutig stürzte, haben mir ziemlich das Genick verdreht. Es war Zeit, mein Glück nicht zu überstrapazieren und neue Abenteuer ins Visier zu nehmen.
Für 1.550.000 Rupiah (100 €) verkaufte mir mein Vermieter Jerry, der natürlich auch dick im Tourgeschäft war, einen 4-tägigen Boot-Trip von Lombok nach Flores. Der Name der Tour zumindest war schon mal klangvoll: „Komodo Adventure and beyond" und vom Werbeplakat starrte mich eine grimmige, drei Meter große Echse mit riesigen Pranken an – der Komodo Dragon.

Die Agenda laut Starverkäufer Jerry:

- Tag 1: Transfer nach Bangsal > Check-In und Briefing in Bangsal im Lombok Café > Zwischenstopp Sugian Bay zum

Abendessen

- Tag 2: Moyo Island für Schwimmen und Schnorcheln > Satonda Island für noch mehr Schwimmen und Schnorcheln
- Tag 3: Laba Island mit leichtem Trekking > Manta Point > Red Beach für Schwimmen und Schnorcheln
- Tag 4: Komodo Island > Rinca Island > Flores

Der Trip selbst beinhaltete 4 Tage/3Nächte inclusive täglichem Frühstück, Mittagessen, Abendbrot, kostenlosem Kaffee und Tee, sechs 1,5L Wasserflaschen und allen Gebühren für Komodo Island und Rinca.
Ich weiß nicht, wie das in deinen Ohren klingt, aber in meinen hörte es sich nach einem Schnäppchen an.

Tag 1: Eine Nussschale namens Medang Jaya

Medang Jaya – so hieß der kleine Holzkahn, der am Steg im Hafen von Bangsal angetaut war und vor dem sich die Touristen, Rucksäcke und Lebensmittelkisten türmten. Eine rot-weiße indonesische Flagge wehte auf dem Boot und war das einzige, was diese Nussschale mit dem Foto der Verkaufsbroschüre gemeinsam hatte. Ich fand unseren Traum in Weiß aufregend. Es hatte etwas von einem Häuschen mit überdachter Terrasse, das man mit einem kleinen Fischkutter gepaart hatte. Sein Aufbau: Ein kleiner Frontbereich, ein überdachter zentraler Bereich mit zwei Bänken, das Kapitänshäuschen, zwei Kabinen und eine Toilette im hinteren Bereich. Über eine Holztreppe gelangte man auf eine überdachte, ungefähr einen Meter hohe Plattform, auf der 20 dünne Schlafmatratzen mit kleinem Kopfkissen und Laken ausgelegt waren. Das war's.
Authentisch war es zumindest. Ob es wirklich hochseetauglich war, konnte ich zu diesem Zeitpunkt beim besten Willen nicht beurteilen. Die 17 anderen Passagiere vom Steg übrigens auch nicht und so ertönten die ersten Jokes übers Sinken, gefolgt von verschmitztem Grinsen unter den Männern und verunsicherten Blicken bei den Frauen. Ich sah die Sache

trotzdem tiefenentspannt. Ich wusste, genau dieser Holzkahn macht die Tour wöchentlich und wie der Lack aussah, auch schon seit einigen Jahrzehnten. Der Name der Company schien also Programm zu sein: Komodo Adventure and beyond.

Nach einigen Stunden auf See verzogen sich die grinsenden Gesichter langsam und wichen dem leidigen Blick eines Seekranken. Das führte dazu, dass die Hälfte der Reisenden sich auf ihre Matratzen im Oberdeck zurück zogen. Der Rest unter uns Engländern, Ungarn, Deutschen, Venezolanern und Kanadiern verbrannte sich den Pelz in der brutalen Sonne und löcherte sich gegenseitig mit Fragen: Wie lange reist du schon? Wie viele Länder hast du schon gesehen? Halt der übliche Schwanzvergleich unter weltreisenden Backpackern. Lustig wurde es erst, als eine deutsche Backpackerin mich fragte, ob es einen speziellen Auslöser dafür gab, warum ich Deutschland verlassen habe. Für mich eine stink normale Frage, aber für die Ungarin neben mir der Startschuss zu einem einstündigen Streitgespräch mit der Deutschen. Die Ungarin nahm die Frage nämlich persönlich und deutete sie als: Wovor rennst du weg?-Frage. Ein Blitzableiterthema unter Langzeitreisenden. Ob du es glaubst oder nicht, unter Weltenbummlern tummeln sich erstaunlich viele verkrachte Existenzen und regelrechte Psychos. Zum Glück hatten wir noch genügend Bier an Bord und ein paar Versöhnungsflaschen unter Backpackern haben schon seit jeher wahre Wunder vollbracht.

Nachts fuhr das Boot durch. Tuck, tuck, tuck – der alte Schiffsdiesel ratterte im Maschinendeck, ließ die gesamte fragile Holzkonstruktion des Kahnes erschüttern und schickte massenhaft beißende Abgase in das vor drückender Hitze ächzende Schlafdeck. Das Meer war rau. Als die auftürmenden Wellen gegen das Boot hämmerten und es wie eine Nussschale hin- und her trudeln ließen, hatte ich das Gefühl, auf einer Waschmaschine im Schleudergang zu sitzen. Stabile Seitenlage oder meine patentierte Seesterntechnik, nichts half und ich hatte Mühe auf meiner Matte nicht wegzurollen. Mit Schlaf war da nicht viel. Mehrfach wachte ich auf, aber das störte mich nicht, denn den Schlaf kann man nachholen, dieses Abenteuer auf diesem umgebauten Fischkutter nicht. Tausche Komfort gegen Erinnerungen und Seekrankheit!

Tag 2: Schnorcheln bis der Arzt kommt

An den folgenden Tagen hieß es Schnorcheln, Schnorcheln, Schnorcheln. Glücklich der, der seine eigene Taucherbrille mit Schnorchel dabei hatte und nicht auf eines der abgekauten Mundstücke aus der Kramkiste des Veranstalters rumlutschen musste. An verschiedenen Spots ratterte der massive Anker an seiner eisernen Kette bis auf den Grund des Meeres. Gleich beim ersten Spot sprangen wir ins azurblaue Wasser, das übervoll mit kleinen Jellyfischen (Quallen) war. Sie fühlten sich beim Schnorcheln wie mikroskopische Glassplitter auf der Haut an, die sich in die blanke Haut pieksen. Das war unangenehm, aber überhaupt nicht gefährlich und ich war froh, nicht in ein Nest von Würfelquallen gehüpft zu sein.
Wie sich herausstellte, hatte die Toilette unseres Kahns das größte Abflussbecken der Welt: das Meer. Alles wurde direkt ins Wasser geleitet. Auf Fahrt kein Problem, aber vor Anker führte es dazu, dass neben bunten Clownfischen auch ein paar Fetzen Klopapier und braune Würste durchs Wasser glitten: Welcome to Asia.
Tipp: Solltest du an diesem Trip teilnehmen, dann briefe deine Travelmates oder vernagele die Klotür, um dir diese Überraschung zu ersparen.

Die Unterwasserwelt in dieser Ecke von Indonesien ist faszinierend und gilt unter Tauchern als eine der besten weltweit – sogar deutlich schöner als das gehippte Great Barrier Reef in Australien. Alles funkelte in karibischen Farben. Bunte Fische, wohin ich schaute, der Meeresboden übersäht mit Korallen, Seesternen und Seegurken. Kleine Nemos in ihren Seeanemonen, die mich aufopferungsvoll angriffen, wenn

ich ihrer Kinderstube zu nahe kam. Sogar Schildkröten tummelten sich im Wasser. Definitiv mein Lieblingstauch- und schnorchelspot neben dem Ningaloo Reef in Westaustralien.
An einer kleinen Insel stoppten wir, um einen Wasserfall zu besuchen. Es war bloß eine 10-minütige Wanderung durch dichten Dschungel und mit einigen unspektakulären Bachüberquerungen. Der Wasserfall dagegen ist ein abenteuerlicher Ort, den du genauer erkunden musst.

Tipp: Begnüg dich nicht damit, am Wasserfall stehen zu bleiben und Fotos zu knipsen. Links vom Wasserfall kann man eine sehr steile, rutschige Felswand hochklettern. Nichts für Angsthasen und zudem gefährlich. Aber oben eröffnete sich mir eine märchenhafte Welt aus metertiefen Wasserpools, kleineren Wasserfällen und unterarmdicken Lianen. Ich hätte den ganzen Tag dort verbringen und dem Bach immer weiter ins Landesinnere folgen können. Eine Stunde später schallten jedoch Rufe von unserem Guide und anderen Tourteilnehmern durch den Dschungel. Ich galt als vermisst und ich musste umdrehen.

Der Mond stand fast kreisrund am Himmel und wir fuhren erneut die gesamte Nacht durch. Im schäumenden Wasser, das vom Bug des Kahns aufgewirbelt wurde, funkelten unzählige floreszierende Algen. Ein Glitzerteppich im Mondlicht. So etwas hatte ich bisher noch nie gesehen. Auch das zeichnete die Reise aus: neben langweiligen, halbtägigen Überwasserfahrten, gab es immer wieder diese kleinen besonderen Momente. Fluoreszierende Algen, Delfine, die mit dem Boot um die Wette schwammen, bunt bemalte, schwimmende Fischerdörfer oder Thunfische, die unser Koch mit einer Schleppleine an Bord zog.

Apropos Koch. Das Essen war ausreichend, aber nichts Besonderes. Viel Reis und Nudeln, Tofu und Früchte zum Dessert. Pankcakes mit Bananenstückchen zum Frühstück. Trotzdem war ich beeindruckt, wie er es schaffte, das ganze Essen für über 20 Personen zuzubereiten. Dabei musste er seine Küche mit dem Klo teilen. Das war schon ein komisches Gefühl auf dem Klo zu sitzen, während einen halben Meter weiter das Abendessen im Wok brutzelte. Auch das ist Indonesien. Auch das war Komodo Adventure and beyond.

Tag 3: Laba Island & Manta Point

Tag drei erreichten wir Laba Island. Neben unserem Boot lagen zwei weitere Nussschalen in der sichelförmigen Bucht von Laba Island. Es hieß „Bergsteigen". Über einen kurzer Trekk strömten die Menschen auf einen kleinen, circa 150 Meter hohen Hügel der Insel. Das Panorama dort war außergewöhnlich. Die Erde auf dem Pazifischen Feuergürtel musste hier früher mächtig gebebt und Lava kilometerweit in die Atmosphäre geschleudert haben. Hunderte Inselarchipele ragten zerklüftet aus dem hellblauen Wasser und waren mit einer dünnen Decke aus Gräsern überwachsen. Ab und an stand ein kleiner, einsamer Baum.

Nach der Wanderung auf Laba Island stand ein absolutes Highlight auf der Tour an. Zumindest war es das für mich. Der Manta Point. Eine Handvoll Boote kreuzte in den Gewässern des Manta Point. Sie suchten das tiefblaue Wasser nach mächtigen schwarzen Schatten ab, die von Riesenmantarochen in den Ozean gezeichnet werden. Währenddessen warteten wir Unterwassertouris aufgeregt auf dem Bug der fahrenden Nussschale, bereit jede Sekunde die Taucherbrillen aufzuziehen und Schnorchel in die Münder zu stopfen. Plötzlich tauchte die Silhouette eines schwarzen Etwas unter dem Boot auf und ich hüpfte reflexartig ins Wasser. Unzählige Luftblasen trudelten durch das Wasser. Beinahe wäre ich mit dem Manta zusammengestoßen und er war von meinem unverhofften Trockensprung mindestens genauso überrascht wie ich. Mit einem einzigen wellenartigen Flossenschwung tauchte er unter mir und dem Boot hindurch. Majestätisch glitt er durch das Wasser, spielte mit der Strömung und tauchte weiter ab in die Tiefe. Über eine Stunde begleitete ich seine Bahnen. Mit Stachelrochen war ich schon öfters Schnorcheln, hatte sogar ihre geleeartige Haut berührt, aber die 5 Meter Spannweite des Riesenmanta imponierten mir. Neugierig kam er immer wieder zu uns hinauf, zeigte seine wahre Größe, öffnete sein Maul weit und offenbarte eine makellose, weiße Unterseite. Ich hätte ihn gern länger bestaunt, aber das Horn unseres Bootes blies zum finalen Rückzug.

Tag 4: Komodo Island, Rinca & Flores

Der letzte Tag mit Komodo Adventures and beyond brach an und es ging endlich nach Komodo Island. Es warteten die weltberühmten Komodo Dragons (Komodowarane, Komododrachen) auf uns und eine Überraschung gleich am Hafen. 50.000 Rupiah sammelte der Kapitän von jedem Teilnehmer ein. Kein Eintritt für den Nationalpark, wie uns hochheilig versichert wurde – der war schließlich im Tourpreis inbegriffen – sondern eine ominöse Steuer der indonesischen Regierung. Die 3 Euro zumindest konnte ich noch augenzwinkernd verkraften und freute mich auf Monster der Urzeit, die man sonst nur aus abenteuerlichen Dokumentationen im Discovery Channel durchs Bild kriechen sieht.
Mit Holzknüppeln bewaffnete Parkranger begleiteten unsere Gruppe. Nur mit viel Glück würde man einen Komodo Dragon auf der Rundführung sehen, versicherte man uns. Scheue, seltene Tiere, die sich nur selten in der Nähe von Menschen blicken lassen. Gerade einmal 3.000 Exemplare, diese vom Aussterben gefährdeten Echsen gibt es noch auf den kleinen Sunda Inseln. Soweit die Theorie.

Jetzt zu den Fakten. Bereits nach fünf Minuten Fußmarsch rannte uns der erste Komodo Dragon über den Weg. Ein stattliches, hochträchtiges Weibchen schleppte sich gleichgültig durch das Unterholz. Es knisterte und knackte. Ihre rosanne und gespaltene Zunge zischte heraus und schmeckte unsere Anwesenheit. Ein Geruch von vier Tagen nicht gewaschen, vermischt mit einer Prise Angstschweiß verteilte sich auf ihrer feuchten Zungenspitze.
Das Tier war anscheinend an Touristen gewohnt und legte sich völlig entspannt in die wärmende Morgensonne. Die riesigen Pranken weit von sich gestreckt, versuchte der Kaltblüter auf Betriebstemperatur zu kommen, riss das Maul wie beim Gähnen weit auf und ließ seine grob schuppige, gelbpigmentierte Lederhaut im Sonnenlicht schimmern.
So selten, so schüchtern, die Gruppe konnte ihren Triumph kaum glauben und wir knipsten die Speicher der Kameras voll. Die Selfie-Sticks kamen zum Einsatz, Videos wurden aufgenommen, kurzum, das Ganze, was die moderne Technik zu bieten hatte, wurde aufgefahren. Solange, bis mein Akku leer war.
Hätte ich gewusst, dass uns noch etliche dieser Warane über den Weg laufen, hätte ich meine Kamera nicht so schnell in den Tiefschlaf geschickt. In der folgenden Stunde sahen wir

kleine Komodowarane, die sich vor ihren kannibalistischen Artgenossen auf Bäumen versteckten und unterschiedlich pigmentierte, mächtige Männchen. Bis zu drei Meter lang und schwer wie ein ausgewachsener Mann streiften sie über die Insel. Trotz ihrer scheinbaren Behäbigkeit tauchten sie urplötzlich und unerwartet aus den Büschen auf. Unsere Ranger hatten alle Mühe, uns Touristen mit den Holzknüppeln zusammen zu halten. Gebissen werden und an einer ekelhaften Sepsis dahinsiechen, sollte nun wirklich keiner von uns.
Und falls wir auf unserer Tour keines der Tiere gesehen hätten, hatte man vorgesorgt und so tummelten sich mehrere Riesenechsen am Ranger Office. Wahrscheinlich werden diese mit Essensresten angelockt, um wirklich jedem Besucher des Nationalparks sein persönliches Komodo Dragon Erlebnis zu garantieren. Ob inszeniert und domestiziert oder nicht, ein besonderes Erlebnis war es definitiv.
Tipp: Auf Komodo Island kannst du auch mehrere Tage verbringen, dort ausgiebig wandern gehen und die Insel erkunden. Wäre ich nicht in einer Gruppe dagewesen, dann hätte ich dies sicherlich gemacht.

Zurück an Bord steuerten wir den nächsten Nationalpark auf Rica Island an. Das gleiche Spiel wiederholte sich: Ranger mit Holzknüppeln, Rundtour, Komodo Dragons.

Am Abend erreichten wir Flores (Labuan Bajo), wo unsere Tour endete. Von einer Rückreise stand nichts im Vertrag. Wir und unsere Klamotten wurden kurzerhand vom Schiff entladen und am Hafen unserem Schicksal überlassen. Hände wurden geschüttelt und Schultern geklopft. Komodo Adventure and beyond war Geschichte. Das Beyond mussten wir uns nun selbst gestalten und so schob sich eine Traube aus Neuankömmlingen durch die touristisch geprägte Innenstadt von Labuan Bajo. Alle waren auf der Suche nach einer günstigen Unterkunft (Backpacker Dorm 60.000 Rp; Hotelzimmer 150.000-450.000 Rp).
Dieses kleine Küstendörfchen an der Westküste von Flores

lockt anscheinend viele westliche Investoren an und setzt auf die Tourismusmaschinerie. Ein interessanter Mix 2015 und ein Dorf im Umbruch, ähnlich Kuta auf Lombok. Zwischen italienischen Restaurants und Souvenirgeschäften dominierte immer noch die faszinierende Kultur der fischfangbetreibenden Ureinwohner. Nirgends auf der Welt habe ich zuvor einen so einzigartigen und gleichzeitig widerlichen Fischmarkt gesehen, wie in Labuan Bajo. Das musst du dir unbedingt anschauen, wenn du dort bist. Es stinkt, selbst für mich, dessen Nase durch jahrelanges Reisen an Kummer gewohnt ist. Tonnenweise getrockneter Fisch stapelt sich meterhoch in der überdachten, mehr oder weniger sporadisch zusammengezimmerten Verkaufshalle, direkt am Meer. Ein deutscher Hygienebeauftragter würde dort sehr wahrscheinlich mit Schnappatmung und akutem Herzleiden rückwärts heraustorkeln. Aber in dieser Kultur ist es das Normalste auf der Welt. Etwas Dreck hat noch keinem geschadet und so liegen Trockenfisch neben fangfrischem Oktopus, Garnelen zwischen Bananen oder Chipstüten. In Labuan Bajo kannst du wirklich alles kaufen, was die Fischer dem Meer entreißen und es ist erfrischend, dass niemand versucht, einem etwas aufzuschwatzen. Eine angenehme Kultur ohne Schleuser oder penetrante Straßenhändler.

Besonders interessant und ein absolutes Highlight für jeden Fischliebhaber sind die angrenzenden „Restaurants". Restaurants in Anführungszeichen, weil sie lediglich aus Plastikstühlen, ein paar Tischen und einem Holzgrill bestehen. Doch hier ist alles frisch. Hier ist der Ort, um zum Abendessen hinzugehen. Hier lässt du dich vom Duft des offenen Feuergrills anlocken. Hier suchst du dir mit einem Fingerzeig deinen Fisch vom Fang des Tages aus, lässt ihn vor deinen Augen auf Holzkohle traditionell grillen und mit Reis und Gemüse servieren. Ein Fest für die Sinne. Nicht zuletzt die Tatsache, dass auch durchgängig Einheimische dort zum Essen vorbeischlendern, spricht für die gute Qualität und den mehr als fairen Preis.

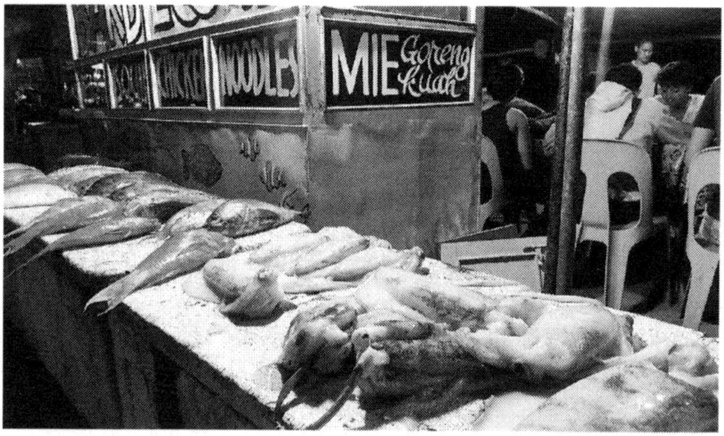

Mein Fazit: Die Komodo Island Touren kannst du auf Lombok in fast jeder Holzhütte kaufen. Für einen wirklich schmalen Taler bekommst du ein spartanisches Abenteuer auf einem wackligen Holzkahn geboten. Dein Magen wird dabei ordentlich durcheinander geschaukelt und du wirst in abgelegene Gegenden von Indonesien entführt, die du sonst nie erreichen würdest. Es ist laut, es ist dreckig, es ist ein Riesen- Abenteuer für weltreisende Backpacker auf

Nanobudget. Ich würde es definitiv wieder tun. Wenn du es etwas luxuriöser magst, dich über saubere Toiletten und ein üppiges Drei-Gänge-Menü freust, dann kratz dein Portemonnaie aus und versuch es stattdessen mit einem individuellen Segeltörn im Katamaran.

Tipps zu Komodotouren (Bootrip)

- Es gab an Bord nur eine heißbegehrte Steckdosenleiste im Kapitänshäuschen. Stell sicher, dass deine elektronischen Geräte (Kamera, Mobiltelefon) bei Abreise geladen sind. Evtl. Zusatzakkus oder Powerbanks nutzen.
- Gepäck wird unter dem Deck gelagert und es ist eine Schinderei, dort ran zu kommen. Bei uns drang sogar Wasser ein. Sorg' dafür, dass alle wichtigen Utensilien wasserdicht verpackt sind.
- Das Bier, das ihr bezahlt und extra auf den Kahn bringen lasst, ist niemals die Menge, die auch letztendlich eingeladen wird. Das ist eine bekannte Masche. Bestellt erst keines im Hafen oder nehmt die Angelegenheit sportlich, anstatt euch misstrauisch mit den anderen Reisenden anzuzicken.
- Zusätzlich empfehle ich dir einen kleinen Beutel, in dem du alles, was du benötigst, separat im Schlafdeck lagerst. Viel Klamotten brauchst du nicht. So wie ich trugen einige Leute die gleichen Sachen jeden Tag (T-Shirt, Badeshorts).
- Es gibt kein Wi-Fi an Bord oder irgendwo, wo wir hielten, während der gesamten Tour.
- Die Sonne auf dem Meer ist brutal. Kauf eine vernünftige Sonnencreme. P.S.: Im Bangsal Harbour gibt's den saftigen Last Minute Preisaufschlag.
- Denke an Ohrenstöpsel! Der Kahn ist laut und mindestens einer deiner Tourbegleiter schnarcht fürchterlich. Mit etwas Glück, bist du der Schnarcher
- Auf Lombok verkehren Dokars oder Cidomos (einspännige Pferdekutschen auf zwei Rädern mit Dach). Wenn du eine Komodotour ausgehend vom Bangsal Harbour buchst, dann lassen dich die Taxifahrer gern mal am Lombok

Cafè raus. Dort warten die Dokas auf dich. Der Hafen ist aber lediglich ein halber Kilometer entfernt und die Fahrt in der Pferdekutsche eine Abzocke.

ÜBERS LAND ZURÜCK VON FLORES NACH LOMBOK

Die Meere um Labuan Bajo sind berühmt für ihre einzigartige Unterwasserwelt. Ein Topspot für Taucher, die sich nicht von der Blendkraft des Great Barrier Reef in Australien täuschen lassen. Leider bin ich nach einem Trommelfellschaden beim Boxen nur noch als Oberflächenschnorchler zu gebrauchen und muss die angsteinflößende Tiefsee den Pressluftenthusiasten überlassen. Tauchen war also für mich gestorben.

Außer Tauch- und Schnorcheltouren sowie Touren auf Komodo Island gab es auf Flores noch Mount Kelimutu (3 Seen, die unterschiedlich gefärbt sind) oder einige für Touristen vorbereitete„local" Villages zu sehen. Nichts, was mich damals brennend interessiert hätte und so beschloss ich, meinen Rückweg Richtung Lombok anzutreten. Ein ungewisser, abenteuerlicher Rückweg.

Flüge zurück nach Bali oder Lombok lagen nicht annähernd in meinem ausgequetschten Backpacker-Budget. Alternativen mussten her. Wie immer. Für 370.000 Rupiah (24 Euro) kaufte ich mir ein kombiniertes Fähr- und Busticket nach Lombok (Mataran). Für jeden, der nicht mit dem Atlas unter dem Kopfkissen schläft, ist das eine enorme Distanz, für einen echt schmalen Euro. Von diesem ungewöhnlichen Roadtrip erhoffte ich mir, mehr vom Land und dessen Leuten zu sehen. Deutlich mehr, als es im Flieger oder in einer dieser schwimmenden Nussschalen möglich gewesen wäre.

Tipp: 1x im Monat geht auch ein Boot (24 Stunden Nonstopp) für 250.000 Rp bis nach Bali. Check das vorher online.

Als die Fähre um 10 Uhr in Labuan Bajo ablegte, waren mein englischer Kumpel und ich die einzigen Weißnasen unter mehr als 300 Passagieren. Und wie es sich für Weißnasen gehört, lotste uns einer der Offiziellen in ein Extraabteil. Hier saß die Upper Class. Die Cream ala Cream in bequemen Sesseln, guckte Fernsehen und ließ sich von der empfindlich kalten Klimaanlage quälen. Zwei Dinge konnte ich mir wirklich nicht erklären. Erstens, warum sind in armen Ländern die Klimaanlagen immer schweinekalt eingestellt? So kalt, dass die Leute mit Jacken sitzen müssen und trotzdem frieren. Und zweitens, warum hat man uns beide bevorzugt behandelt, obwohl wir angeblich den gleichen Preis bezahlten wie die Bretterklasse. Einen Schnupfen bei 30 Grad im indonesischen Schatten wollte ich nicht riskieren und mischte mich für die nächsten Stunden unter das biedere Volk.

Wir erreichten den Seehafen Sega auf der Insel Sumbawa. Hier hieß es Umsteigen in einen kleinen Minibus. Unser Fahrer mit seinen blutunterlaufenen Augen sah nicht sehr vertrauenserweckend aus. Permanent meckerte er mit den anderen Busfahrern und schnauzte die Jungs an, die das Gepäck auf die Dächer verladen mussten. Der erste Tag vom Ramadan und anscheinend lagen jetzt schon die Nerven der

Moslems blank. Ich dachte nicht im Traum daran, mich zu beschweren oder einzumischen. Vielmehr war ich froh, im Bus zu sitzen. Ja, du liest richtig, im Bus. Die Alternative war denkbar ungemütlich. Auf den Bergen von Rucksäcken, Koffern und Säcken, die mit Seilen auf dem Dach geknotet wurden, krallten sich mehrere Menschen fest. Hauptsächlich Jugendliche, die auf dem beschwerlichen Landweg nach Denpasar waren. Und festkrallen kannst du wörtlich nehmen. Im Affenzahn raste der Fahrer durch das bergige Land. Der Motor des Kleinbusses brüllte. Die Serpentinen ließen uns im Bus hin- und herschunkeln. Nichts im Vergleich zu den armen Schweinen auf unserem Bus und dem vor uns. Es sah aus wie ein Rodeo und die Jungs hüpften von einer Seite des Gepäckberges zur anderen. Respekt für deren Leistung im Kampf ums Überleben.

Auf dem Busbahnhof von Bima endete unsere Fahrt im Minibus. Niemand flog unterwegs vom Dach. Glaub ich zumindest.
Zwei Stunden Aufenthalt. Unsere Fahrkarten wurden einkassiert. Unsere Rucksäcke von einem Greis in eine Nasi Goreng Bude geschleift. Ganze zwei Stunden wollten wir uns diesen Busbahnhof nicht antun und beschlossen, gegen den

Rat des Greises, das bewachte Areal zu verlassen.
Vom Hunger getrieben, machten wir es uns in einem lokalen Restaurant gemütlich. Natürlich waren wir die einzigen Gäste im geschmackvoll mit Hello Kitty dekorierten Restaurant. Wie gesagt, es war Ramadan und wir die einzigen Fremden weit und breit. Zwei Weiße mit über 1,90 Metern erregten schnell Aufsehen und so endete unser Essen in einem Fotoshooting mit den Mitarbeitern. Jeder wollte ein Handyfoto mit uns haben. Selbst aus den umliegenden Restaurants kamen die Mitarbeiterinnen angelaufen und gestikulierten verlegen, dass sie gern einen Schnappschuss hätten. Verrückt, so ähnlich müssen sich Popstars fühlen…
Die Odyssee ging weiter. Diesmal im Luxusbus durch die indonesische Nacht, bis zur Westküste von Sumbawa. Die meiste Zeit schlief ich. Wachte nur auf, wenn der Fahrer zu brutal in die Bremse trat oder mein Kopf in einer der Nadelkurven gegen die Fensterscheibe schepperte. Es war auch gut, dass ich das meiste der Fahrt verpennte. Immer, wenn ich ein Auge halb offen hatte, sah ich uns schon mit einem Laster, Roller oder Tier auf der Fahrbahn kollidieren. Nur das laute Durchbeschleunigen des Busses bergauf und Brummen der Motorbremse bergab hüllte den Fahrraum ein. Das und das Klappern der Zähne der Fahrgäste, die mit den arktischen Temperaturen der Klimaanlage überfordert waren. Muss echt so ein „Asiaten-Ding“ sein.
Der Bus raste durch die Nacht. Er hielt nur ein einziges Mal um 1 Uhr zum Abendessen und sorgte damit bei einer Küchenfrau für den Schock ihres Lebens. Als hätte sie einen Geist gesehen, in wahrhaftiger Schockstarre, stierte sie uns durch das Bullauge der Küchentür an. Es gab Gemüsesuppe und Mi Goreng.
Am frühen Morgen setzten wir mit der Busfähre von Potatano (Sumbawa) nach Kayangan (Lombok) über. Die Insel erwachte gerade. Die Hühner besetzten die Straßen und die ersten Roller knatterten an den Reisfeldern vorbei.
Gegen halbacht erreichten wir den Busbahnhof in Mataran, wo unsere Tickets endeten, aber nicht unsere Reise. Sofort waren

die geschäftigen Schleuser zur Stelle. Es begann das allzubekannte Feilschen um den angemessenen Preis. Beide Seiten blieben hartnäckig. Als die Verhandlungen fast schon ungemütlich zu werden drohten, einigten wir uns. 200.000 Rupiah, also 100.000 pro Person, blechten wir für die dreistündige Fahrt nach Kuta Lombok. Obendrauf hatte ich noch eine Tüte Mandarinen ausgehandelt. Das ist Verhandeln für Fortgeschrittene, das fast schon an Albernheit grenzt. Aber es ist auch, was es ist: ortsüblich. Natürlich musst du nicht verhandeln. Dir wird kein Verkäufer oder Touristenschleuser böse sein, wenn du sofort einschlägst und das Doppelte blechst.

Summa summarum hat mich die gesamte Fahrt von Labuan Bajo bis Kuta Lombok 35 Euro gekostet und bedingt durch die Aneinanderreihung der Beinaheunfälle, eine Handvoll grauer Haare mehr. Eine tolle Rückreise und preislich schwer zu toppen.

ROLLER-SAFARI AUF SUMBAWA

Wir waren noch keinen Tag zurück in Kuta, da manifestierte sich bereits die nächste vage Idee wie wild wuchernder Bambus in meinem Kopf. Ich wollte zurück nach Sumbawa. Die nächtliche Hetzjagd im Bus wirbelte zwar meinen Magen durcheinander, aber von Land und Leuten hatte ich noch lange nicht genug gesehen.

Mit Marcus und Dough – zwei begeisterten Surfern aus England – mieteten wir uns jeder einen 250 ccm Roller (5.000 Rp/Tag) von meinem Vermieter Jerry. Jerry war eine zwielichtige Gestalt im Süden Lomboks. Keiner von den Typen, den man ans Bein pinkeln sollte. Und je mehr Zeit ich mit ihm verbrachte, desto dubioser wurde er mir. Jerry ist ein super Typ, der seine Finger in scheinbar allem zu stecken hat, was in der Gegend vor sich geht. Ein Typ, der dir wirklich alles besorgen kann. Ich kann mich auch irren, aber wenn du in Kuta bist und mit ihm zu tun hast, dann halte dich an das Sprichwort: Don‘t fuck the company.

Mafiöse Verhältnisse hin oder her, wir hatten unsere Roller vollgetankt und düsten – diesmal mit Helm und passenden Fahrzeugpapieren – die Ostküste hoch nach Kayangan. Für 54.000 Rupiah inklusive unserem Roller, setzten wir mit der Fähre nach Potantano über (Sumbawa, 2 Std.), düsten über enge Bergpässe und durch idyllische Dörfer die Westküste hinunter nach Maluk.
Diese gesamte Region ist noch ein Geheimtipp für Surfer und Individualtouristen. Eigentlich dürfte ich davon gar nicht schreiben. Es wird sogar hinter vorgehaltener Hand geflüstert, dass es der beste Surfspot von ganz Indonesien sein soll. Doch ich als Gelegenheitswellenreiter, der jedes Mal froh ist, seinen Ausritt unverletzt zu überstehen, kann da nicht mitreden.

Ob Geheimtipp oder nicht, die Immobilienspekulanten sind auch hier im Aufmarschgebiet. Wie Pilze schießen die Baustellen aus den Böden der ehemaligen Äcker und Wiesen. Noch herrscht eine entspannte Atmosphäre und langhaarige Surfer mit ihren Boards bevölkern die umliegenden Homestay – fragt sich nur wie lange noch.
Für meine englischen Freunde war das Ganze ein wahrgewordener Garten Eden. Ein Schlaraffenland, das keine Wünsche offen ließ. Sonne, Sommer, Strand und traumhafte

Wellen zum Abreiten. Für mich war das Ganze nach zwei Tagen langweilig. Ich wollte das Abenteuer. Das Ungewisse. Meine beiden Mates dagegen wollten noch einige Tage in Maluk bleiben, das Wetter und die Bequemlichkeit genießen. Ein Interessenkonflikt, der unsere Reisegruppe friedlich auseinander brechen ließ.

Kurzerhand schnappte ich mir den Roller und brach allein auf, um eine Straße und Region zu erkunden, die noch nicht einmal auf google maps eine durchgängige Verbindung aufzeigte. Ich hatte keine Ahnung, ob die Strecke entlang der Südwestküste überhaupt machbar ist oder wo ich schlafen sollte. Ich hatte lediglich eine grobe Skizze Sumbawas mit einer eingezeichneten Route an der Wand in Jerry's Touristeninformation gesehen und abgeknipst. Das war mir aber völlig egal. Ich hatte Hummeln im Hintern. Ich hatte „burning feet". Ich wollte etwas erleben.

- „Do one thing every day that scares you." (E. Roosevelt)
- „Life begins at the end of your comfort zone." (Neale Donald Walsch)

Mit vier BengBeng Schokoriegeln, einer 1-L-Flasche Cola und einem dünnen Fleecepullover im Gepäck brauste ich los. Ganze zehn Meter, dann verreckte der Roller.

Dough jedoch war ein echter englischer Gentleman und überließ mir spontan seinen Roller, den neuesten unserer drei ausgelutschten Krücken. Dann ging es aber wirklich los. Zehn Meter und mehr…

Fünf Kilometer, nachdem ich die beiden verlassen hatte, endete die asphaltierte Straße auch schon. Ich musste den Roller über spitzsteiniges, loses Geröll bugzieren. Erste Zweifel kamen auf. Aber nach fünf weiteren Kilometern besserte sich die Straße wieder. Ich wog mich in Sicherheit und erreichte einen Tante Emma Laden im Dorf namens Tongo. Dort füllte ich den Roller auf und kaufte eine 1-L-Flasche Sprit als Reserve – man weiß ja nie, wo und wann der nächste kleine Spritverkäufer auftaucht. Falls noch nicht erwähnt, Sprit wird hier direkt an der Straße in kleinen Hütten und in 1-L-Glasflaschen verkauft (9.000 Rp oder 90 Cents pro Liter).

Bereits in Tongo hörte die asphaltierte Straße wieder auf. Ich war zurück im Niemandsland. Diesmal aber wirklich. Der arme kleine Roller musste Schmerzen erdulden. Es reihten sich Schlagloch an Schlagloch und der schmale Geröllweg schlängelte sich durch die bewaldeten Berge. Hier fuhr kein Auto mehr. Hier war höchstens noch ein mutiger Einheimischer mit seinem Roller unterwegs. Es wurde immer rauer, die Berge immer steiler. Es wurde gefährlich. Große Auswaschungen, spitze Steine und die steilen Anstiege überforderten meinen Stadtroller. Ich kratzte die Berge mit durchdrehenden Reifen hoch und rutschte die andere Seite hinab. Oftmals bedrohlich nahe an den Klippen. Die Bremsen quietschten und die heißgelaufenen Bremsscheiben fingen an zu glühen. Das war kein Spaß mehr, das war Ernst. Und das schreibt jemand, der in Deutschland eine 450 ccm Enduro im Gelände fährt.
Irgendwann hat jede Glückssträhne ein Ende. Bergab konnte ich den Roller nicht mehr kontrollieren. Die Räder blockierten und ich stieg unfreiwillig über den Lenker ab. Glück im Unglück. Als ich wieder zu mir kam, blutete ich etwas, hatte aber nicht einen ernsthaften Kratzer. Wie immer. Sonnenkind sei Dank. Und auch mein Roller hatte den Crash mit wenigen Schmarren erstaunlich gut überstanden.

Das Foto, das ich in Jerry's „Büro“ machte, stellte sich noch als wahrer Glücksgriff heraus. Es war die einzige Möglichkeit, mit den Leuten zu kommunizieren. Keiner sprach Englisch und ich bis auf "Danke" kein Wort Indonesisch.
Der Weg wurde immer schmaler, wilde Affen kreuzten meine Route und ich musste mit dem kleinen Roller Flüsse durchqueren. Ich rechnete jeden Moment mit einem fatalen Platten. Der ließ aber auf sich warten und ich durchfuhr kleine Dörfer mit Holzhütten. Jeder erkannte sofort den großen Fremden auf einem Roller. War auch nicht sonderlich schwer, zumal noch die große gelbe Surfboardhalterung an meinem Roller montiert war. Die Kinder kamen auf die Straße gelaufen und riefen „Hello Mister!“ – übrigens das Bildungsziel im

Englischunterricht auf Sumbawa. Die Erwachsenen waren ungläubig. Manche rissen die Münder weit auf und verdrehten sich die Hälse. In diese Ecke des Landes verirrt sich definitiv ganz selten ein Ausländer. Ich fühlte mich wie ein Alien und winkte freundlich zurück, sagte gefühlt zu jedem Dorfbewohner "Hallo."
Es wurde langsam dunkel und ich setzte mich mit dem Gedanken auseinander mit meinem Roller im Regenwald zu übernachten. Den Gedanken eliminierte ich sofort wieder, als ich eine fünf Meter lange Netzphyton passierte, die tot und vollgefressen am Straßenrand lag. Anscheinend war der letzte Happen schlecht und lag „Kar, der Schlange“ schwer im Magen.

Es wurde pechschwarze Nacht. Die kleine Lampe an meinem Roller nützte mir kaum etwas. Ich war müde und hungrig. In einer kleinen Siedlung stoppte ich an einer primitiven Hütte, vor der ein spärliches Feuer loderte. Ich fragte nach einem Hotel oder Homestay in der Gegend. Gestikulierte, ich müsste einen Platz zum Schlafen finden. Komplette Verwirrung, stattdessen wurde mir ein gegrillter Maiskolben angeboten und ich gab mich nach wenigen Minuten der Sprachbarriere geschlagen.

In der nächsten Hütte hatte ich mehr Erfolg. Jemand verstand mich und deutete auf meinem Handyfoto auf den Ort Lunyuk und sagte immer wieder „Basar, Basar, Basar!".

Die Straße und einige Brücken waren vom Regen größtenteils weggespült. Der Weg kaum noch im Dunkeln zu identifizieren. Ein hilfsbereiter Dorfbewohner eskortierte mich kurzerhand eine dreiviertel Stunde bis nach Lunyuk. Geld wollte er partu nicht annehmen, auch nicht für den verfahrenden Sprit.

Hinter dem Basar in Lunyuk gab es ein Homestay für die Einheimischen. Dort kam ich für 50.000 Rp unter. Vier Quadratmeter, eine Matratze am Boden, ein Plastikstuhl, ein vergittertes Fenster. Mehr nicht. Aber die Nacht war gerettet und mein geliehener Roller parkte im Haus, direkt vor meiner Tür. Jetzt konnte ich mich entspannen. Jetzt konnte ich meinen Magen mit leckerem Essbaren verwöhnen.

Einem Einheimischen, der natürlich auch kein Englisch sprach, deutete ich „Hunger" und sagte Mi Goreng, das erste einheimische Gericht, was mir spontan einfiel. Nur das Mi Goreng hier alles andere als heimisch war. Das wusste ich natürlich nicht. Stolz führte er mich durch den gesamten Ort, immer auf der Suche nach einem Shop, der Mi Goreng anbietet. Alle drehten sich um. Die Kinder gaben mir „High Five" und die Frauen berührten mich heimlich.

Nach einer halben Stunde vergeblicher Suche nach Mi Goreng, Nasi Goreng und Co., landeten wir bei einem versifften „Food Cart", eine Art Imbisswagen auf der Straße. Dann halt richtiges Local Food aus Lunyuk, dachte ich mir. Es sah aus wie Schafshoden-Suppe und wahrscheinlich war es das auch. Ob es schmeckte? Keine Ahnung. Das Gericht war derart scharf, dass es mir die Geschmacksknospen auf der Zunge wegbrannte. Unbedacht griff ich zum Glas Wasser aus dem Wassereimer neben mir, das modrig warm schmeckte. Ein Fehler, wie sich noch herausstellen sollte.

Den Rest des Abends scharrte ich mich mit anderen Bewohnern des Homestay um den einzigen Fernseher, guckte indonesische Seifenopern und beobachtete, wie die Dorfnutte von Zimmer zu Zimmer lief.

Was für ein Tag.

Roller-Marathon, bis die Pobacken glühen
Am nächsten Morgen wachte ich von Bauchschmerzen geplagt auf. Sollte ich mir bei der Hodensuppe oden dem Gammelwasser wirklich eine Lebensmittelvergiftung eingefangen haben? Ich schob den Gedanken bei Seite, schmiss eine Schmerztablette ein und beschloss mit rumpelndem Bauch, den Ort auf eigene Faust zu erkunden.
Ich blieb nicht lange geheim, als ich durch die engen und verzweigten Gassen von Lunyuk streifte. Bald hatte ich eine Schar an Kindern im Schlepptau, die mir mit einem Fußball hinterher rannten. Fußball ist bekanntlich eine internationale Sprache. Praktisch Völkerverständigung über Ländergrenzen hinaus. So endete meine spontane Erkundungstour in einem Fußballspiel mit den einheimischen Kids.

Nachdem ich den Roller und meine Ersatz-Cola-Flasche vollgetankt hatte, brauste ich am Basar vorbei, überquerte die steinerne Brücke und verließ Lunyuk in nördlicher Richtung. Die Straße war asphaltiert und Kleinlastwagen, Roller und Pferdekutschen versuchten mit mir, den lebensgefährlichen Schlaglöchern auszuweichen. Aber was für Schlaglöcher. Tief genug, dass das halbe Vorderrad meines Rollers darin versinken konnte. Eines dieser Potholes erwischte mich in der Kurve eiskalt und ich schepperte mit 80 km/h direkt hinein. Ein heftiger Schlag erschütterte meinen Körper, als die Stoßdämpfer des Rollers bis zum Anschlag durchschlugen und der Reifen bis auf die Felge. Den Rest „federte“ mein Rücken ab. Der Roller schlingerte auf der Straße hin und her, bis ich ihn endlich mit einer Vollbremsung am Straßenrad zum Stehen bringen konnte. Auf diesen Schreck musste ich erst einmal meinen letzten BengBeng Schokoriegel essen. Beim Essen wurden mir drei Dinge bewusst. Erstens, diesen japanischen Roller werde ich wohl niemals kaputt kriegen; zweitens, wie schnell ein kleines Abenteuer im Ausland sein jähes Ende hätte finden können und drittens, dass der Helm auf den Kopf statt

an den Lenker gehört.
Je weiter ich Richtung Lenangguar kam, desto besser wurde die Straße. Gut, einige Schlammlawinen hatten die Straße teilweise weggerissen und unter metergroßen Steinbrocken verschüttet. Ganze Arbeiterkolonnen schufteten mit schwerem Gerät daran, sie wieder befahrbar zu machen, aber insgesamt eine schöne Strecke. Sie führt durch grün bewaldetes Gebiet. In wilden Windungen schlängelt sie sich durch den Urwald und über Bergpässe. Affen überall. Richtige, wilde Affen. Affen, die sofort fliehen, wenn sie dich mit dem Roller angefahren kommen sehen. Keine dieser domestizierten Hausäffchen, wie du sie im Monkey Forrest von Ubud auf Bali finden wirst. Hier war ich noch in der wahren Natur unterwegs. Dort, wo du 20 Meter zum Pinkeln in den Urwald läufst und dich dann nicht wieder zurück findest. Tief und mystisch.

Auf meiner Weiterfahrt passierte ich kleine Dörfer und Reisfelder, sah alte Holzhäuser auf Stelzen mit Strohdächern. Eine tolle Region. Eine tolle Kultur. Leider befürchte ich, wenn die Straße von Lunyuk bis Lenangguar fertig gestellt ist oder auch das gesamte Verbindungsstück an der Südküste entlang, dass diese Region an Flair verlieren wird. Dann werden Touristen und LKWs das Gebiet leicht erreichen können und die Ursprünglichkeit und Abgeschiedenheit, die tausende Jahre einen Mikrokosmos für die Bewohner geschaffen hat, geht verloren. Ich bin froh, es noch in seiner ursprünglichen Form erlebt haben zu dürfen. Sehr wahrscheinlich gehört dies jetzt, wo du das Buch liest, bereits der Vergangenheit an. Vielleicht. Vielleicht aber auch nicht und du saugst so wie ich die besten Momente aus deiner Indonesienreise aus einem abgeschiedenen Stück wilder Natur und Kultur im Südwesten Sumbawas heraus.

In Lenangguar kaufte ich mir einige Milchbrötchen in einer kleinen Hütte. Nicht lange und einige Einheimische kamen und baten mir eine frisch gepflückte Mandarine von ihrem Baum an. Natürlich war das Ding noch völlig unreif und die Bewohner wollten sich einen Joke mit dem Touristen machen. Sie haben sich köstlich amüsiert, als ich Stück für Stück das saure Fruchtfleisch verspeiste. Ich spielte ihr Spiel mit und hatte viel Spaß mit den Menschen in Sumbawa, auch oder gerade, weil mich niemand verstand. Nur manchmal kam das schlechte Gewissen durch, wenn ich tagsüber den Leuten an Ramadan etwas vorschmatzte.

Von Lenangguar fuhr ich nach Sumbawa Besar, der Hauptstadt von Sumbawa. Ich war zurück in der Zivilisation. Menschenmassen. Stickiger Verkehr. Affen an der Leine. Hier fühlte ich mich nicht wohl. Ich beschloss den Husarenritt zu wagen, meinem Roller die Sporen zu geben und bis nach Kuta Lombok durchzubrettern.

Auf der gleichen Küstenstraße, auf der ich einige Tage zuvor noch mit dem Nachtbus durchs Land gejagt bin, cruiste ich jetzt mit dem Roller. Zu meiner rechten der azurblaue Indische Ozean und zu meiner linken Dörfer, Städte, abgebrannte oder frischangelegte Reisfelder.

Es wiederholte sich. Am Seehafen in Potantano erwischte ich gerade noch die Fähre, setzte über und erreichte Lombok in der Abenddämmerung. Lombok ist riesig und das kleine Dorf Kuta war nicht auf einem einzigen Wegweiser ausgeschildert. Da half nur fragen. Zig Mal stoppte ich den Roller und ließ mich von Einheimischen über kleine und enge Nebenstraßen lotsen. Es war mittlerweile finster geworden. Ich fror auf dem Motorroller und heizte mit Höchstgeschwindigkeit durch kleine Dörfer und die Dunkelheit. Überall saßen Leute auf den unbeleuchteten Straßen herum oder kreuzten diese. Hunde, Kühe, Hühner, Ziegen und Mopeds ohne Licht kamen mir entgegen. Während mir allerhand Insekten in die Augen und an den Helm klatschten, versuchte ich den gut getarnten Schlaglöchern auszuweichen: Rollerfahren in Lombok bei Nacht ist gefährlich und nicht zu empfehlen. Dazu kam noch, dass sich mein Hintern auf der durchgesessenen Sitzbank wie ein einziger kolossaler Bluterguss anfühlte. Es schmerzte wie Hölle und ich wusste schon gar nicht mehr, auf welches Fleckchen ich von meiner Sitzbank noch rutschen sollte.

Unverletzt und müde kam ich nach elf Stunden Roller-Marathon in Kuta an. Jerry war natürlich noch geschäftig. Im Zwielicht gab ich ihm den verkratzten Roller zurück, buchte mir bei ihm ein Zimmer im Homestay und kaufte spontan ein Ticket nach Ubud (Bali) für 175.000 Rp, natürlich auch bei ihm. Wie gesagt, Jerry besorgt dir alles und noch mehr.

Beim Abendessen im Nuggets Corner schlief ich am Tisch ein. Was für ein Kurztrip.

TOURISTENSCHUPSEN IN UBUD

Ab nach Ubud: Auto>Kleinbus>Fähre>Kleinbus. Start 9 Uhr, Ankunft 17:30 Uhr. Schnell ist definitiv anders, aber für einen Backpacker mit Nanobudget und ohne Zeitrestriktionen locker mit einem relaxten Grinsen abzutun.

Wie du als aufmerksamer Leser weißt, bereits mein zweiter Besuch in Ubud, nachdem ich mit meinem balinesischen Kumpel aus Denpasar hier auf nächtlicher Geisterjagd im Tempel war. Sieben Tage hatte ich noch, bevor mein Touristenvisum auslief und der Billigflieger zurück nach Australien abheben sollte.

Kaum aus dem Kleinbus gestiegen, musste ich sofort die Beine unter den Arm nehmen, um den Touristenschleusern und Taxifahrern zu entkommen, die hyänenartig auf uns Neuankömmlinge warteten. Ein ausgeklügeltes System, das ich bereits aus Ostafrika kannte.

Ich guckte mir einige Homestay an, verglich Preise und stieg letztendlich im Ming Ming Home Stay ab. Was für ein Luxus.

Das Wort absteigen, kannst du sofort aus deiner Vorstellung löschen. Das war keine Absteige, im Gegenteil: zentrumnah, free wi-fi, Terrasse, Doppelbett, großes Bad mit heißem Wasser, alles sauber und mit eigenem hinduistischen Tempel im Innenhof. Das Ganze für nur 100.000 Rp (ohne Frühstück). Ich war begeistert, hatte ich doch seit über einem dreiviertel Jahr auf keiner richtigen Matratze gelegen. Die Unterkunft war gesichert. So let's see what's going on in Ubud and surroundings…

Die Informationskrake Google spuckte spontan die „Top 10 Attraktionen in Ubud" aus.

1. Goa Gajah 'Elephant Cave'
2. Ubud Monkey Forest
3. Tegallalang Rice Terraces
4. …

Der Ubud Monkey Forest (Sacred Monkey Forest Sanctuary) lag keine fünf Minuten mit dem Fußbus von meiner Unterkunft entfernt. Affen in Ubud sind keine Seltenheit. Bereits vor dem Monkey Forest lutschen Affen Mineralien aus den alten Steinmauern, chillen in den Bäumen oder flanieren über die Dächer der angrenzenden Häuser, wo sie sich die Bäuche mit den leckeren Opfergaben der Balinesen vollschlagen. Wer also einen Affen sehen möchte, der muss nicht unbedingt die 30.000 Rp Eintritt in den Park berappen. Andererseits ist das auch keine genickbrechende Investition. Ich hab das gern bezahlt, weil ich als Idealist hoffe, das Geld komme den Tieren zu Gute.

Aber Vorsicht im Park, die Affen beißen, kratzen und schmeißen mit Kot. Mein voller Ernst. Wenn du die ausgewachsenen Affen siehst und ihre langen bestialisch anmutenden Eckzähne, dann überlegst du dir zweimal, welchen der Affen du mit Bananen fütterst. Du hast die Wahl, den putzigen kleinen Affen, der spielerisch auf deine Schulter klettert oder den rabiaten, der die Banane aus der Hand reißt.

Und sei bloß nicht so dumm wie ich und bringe einen gelben

Beutel mit. Dann wirst du angeschaut wie das nächste Frühstück. Einer der Kletterakrobaten hangelte an meiner Hose hoch und krallte sich am Rucksack fest. Wahrscheinlich meinte er, ich schleppe eine Bananenstaude. Das ganze endete damit, dass ich mich wie ein wild gewordener Brummkreisel im Kreis drehte, während der Affe ziemlich angenervt am Rucksack den Superman machte. Nach mehreren Runden ließ Super-Monkey los und begnügte sich damit eine Kröte zu quälen, die unbedacht über den Trampelpfad hüpfte.

Natürlich gibt es auch schöne Tempelanlagen im Ubud Monkey Forest und einige alte Friedhöfe. Das Eintrittsgeld jedenfalls ist nicht verschwendet, wenn auch sehr touristisch angelegt.

Abends war ich mit Freunden Ubud erkunden. Restaurants, Bars gibt es wie Muscheln am Strand. Traditionelle Tanzeinlagen und andere Shows kannst auch täglich gegen harte Währung besuchen. Aber Vorsicht mit kostenlosem Popcorn in Bars. Den Namen der Bar nenne ich nicht, aber nach dem Verzehr hatte ich einen 36-stündigen, völligen Knock-out. Es hatte mich erwischt, obwohl ich dachte, mein Magen wäre Kummer gewohnt und ich unzerstörbar: eine

Lebensmittelvergiftung. Ich kotzte literweise braune Suppe, hatte brachiale Kopfschmerzen und war zu schwach, um mein Zimmer zu verlassen. Das wünsche ich keinem.

Noch etwas wacklig auf den Beinen, navigierte mich mein Smartphone nach meiner Bettlägerigkeit durch die Querstraßen von Ubud. Im Visier hatte ich die unangefochtene Nummer eins der Top 10 Attraktionen: die Goa Gajah 'Elephant Cave'. Dass es definitiv die Nummer Eins der Touristenattraktionen war, merkte ich sofort am riesigen Parkplatz, den vielen Verkaufsständen und den gleichgültigen Eintrittskartenverkäufern. Für umgerechnet 1 Euro Eintritt erkaufte ich mir das Recht, das UNESCO Weltkulturerbe anzusehen. Mit einer geliehenen Tempelschärpe (Selempot) um die Hüfte geknotet, streifte ich durch das weitläufige Areal, besichtigte die Elephant Cave aus dem 9. Jahrhundert und kleinere Tempelanlagen. Ich war enttäuscht. Abgesehen von der religiösen Bedeutung der Elephant Cave für die Balinesen, gab es dort nichts zu sehen. Nichts, was es nicht auch tausendfach auf den Straßen rund um Ubud zu bestaunen gäbe. Ob Tempel, prachtvoll verzierte Skulpturen der hinduistischen Götter, Opferrituale oder Beerdigungszeremonien, das alles findest du automatisch bei den Streifzügen durch Balis Hinterland. Das hört sich jetzt grotesk an, aber der 45-minütige Walk vom Homestay zur Cave war deutlich interessanter. Ich passierte Steinmetze und kleine Hütten, in denen Arbeiter mit rundem Rücken und knöcheltief in Sägespännen stehend, riesige, prachtvolle Holzskulpturen schnitzten. Ich wusste, dass das Handwerk um Ubud weltberühmt ist. Aber sich daneben zu stellen und zu beobachten, wie diese Meister ihres Faches mit primitivsten Mitteln die unglaublichen Kunstwerke entstehen lassen, war eine der beeindruckendsten Erfahrungen auf Bali überhaupt. Wenn sich dir die Chance dazu bietet, bleib stehen und genieße es.

Mein Fazit: Ich bin innerlich zerrissen. Ubud hat sehr viele alte oder auf alt gemachte Architektur (Tempel, Skulpturen, usw.), die beeindruckt. Andererseits hängt es voll mit italienischen und französischen Restaurants, Bars, Hotels und Shops aller namhaften Modehersteller, die ausgiebig ihre Designerfummel präsentieren. Es platzt aus allen Nähten von Touris und es scheint fast unmöglich, mit der einheimischen Kultur in Kontakt zu treten. Damit meine ich nicht die täglich und zahlreich stattfindenden Tanz- und Feuershows, die für die bequemen, zahlungsbereiten Touristen angeboten werden.
Ich selbst bezeichne mich mehr als Traveller (Reisenden), nicht als Tourist und bin jedes Mal angewidert, wenn ich sehen muss, wie aus einzigartigen Plätzen dieser Welt ein touristisches Konzept kommerzieller Ausbeutung wird. Deshalb sage ich: Ja, Ubud ist einen Besuch wert, aber nur einen kurzen.

KUTA BALI

Zwei Tage bis Abflug. Ubud ist mit allen größeren Städten und Touristen Hotspots bestens verknüpft. Von dort aus kommst du überall für wenig Geld hin, in meinem Fall nach Kuta Bali. Kuta Bali, der anfangs erwähnte Ballermann 6 der Australier und internationalen Partygemeinde. Ein wahr gewordener Sündenpool. Zumindest gilt es als das. Ob es wirklich so ist, wollte ich an meinen letzten Tagen in Indonesien herausfinden. Also ab nach Malle.

Für 60.000 Rp (4 Euro) katapultierte mich der Kleinbus quer durchs Land und direkt ins Zentrum von Kuta. Eine halbe Stunde stromerte ich durch die Hinterhöfe und Nebenstraßen, dann fand ich ein bezahlbares Hotelzimmer (6,50 Euro/ Nacht). Nichts Besonderes, mit einer versifften Dusche, in der ich am liebsten nicht einmal den Wasserhahn angefasst hätte. Es sah aus, als hätte sich jemand darin umgebracht. Getrocknetes Blut, etwas Gelbes und Schimmel kämpften um die Vorherrschaft auf der ehemals weißen Emaille. Aber wer

kein Geld ausgeben will oder kann, der muss die positiven Seiten sehen und das war die funktionierende Klimaanlage.
Trotz Klimaanlage, mein Zimmer war keine Verlockung, um darin die Zeit bis zum Abflug totzuschlagen. So beschloss ich Kuta zu entdecken.
Ich fühlte mich sofort unwohl, obwohl es oder gerade weil es sauber und aufgeräumt ist. Für mich der Prototyp einer für den internationalen Massentourismus aus dem Nichts gestampften Stadt. Die Verkäufer in den Supermärkten waren auch „super" unfreundlich und sichtlich angenervt von den Touristen. Die Preise waren für balinesische Verhältnisse völlig überzogen und den Luxushotels rund um das Zentrum und der Strandpromenade angepasst. Werbetafeln und Leuchtreklamen überall. Hier findest du keine Einheimischen. Und wenn doch, dann wollen sie einem etwas verkaufen. Es nervte gewaltig. Du läufst an dem gleichen Straßenhändler vorbei und er fragt dich jedes Mal, ob du einen Roller mieten möchtest. Antwortest du mit "Nein", bekommst du sofort eine Prostituierte angeboten. Frauen bedeuten hier nicht viel und eine temporäre Bekanntschaft mit monetärer Gegenleistung schmeißt man dir bereits für 8 Euro pro Stunde hinterher. Kein Wunder, dass einige Urlauber hier Überstunden machen.
Da ich weder an einer Nutte noch an einem Roller interessiert war, guckte ich mir den berühmten Kuta Beach an. Hunderte von Rollern parkten in Doppelreihen auf der Hauptstraße Jl. Pantai Kuta und verrieten schon vorher, was sich an Menschenmassen jenseits der alten Steinmauern verbarg: Ein toller Sandstrand, schöne Wellen zum Surfen, Einheimische, die kalte Getränke und Snacks verkauften und Touristen, deren rotgebrannte Haut bereits Blasen schlug. Glücklich der, der sich einen Sonnenschirm mieten konnte. Ab und zu flanierten auch wieder ein paar Backpacker-Tattoos vorbei: Die Straßenflechte des gemeinen Rucksacktouristen, der sich wieder Kraft seiner Wassersuppe mit dem geliehenen Roller lang gelegt hat. Keine Seltenheit in Indonesien oder gar ganz Südostasien, wo sich jeder Grundschüler im Urlaub einen kubikstarken Roller ausleihen kann. Zum Glück war der

Grundschüler Stefan bisher ohne Schramme durch Indonesien gekommen, trotz seines Crashs auf Sumbawa…
Egal, ich relaxte am Strand, gönnte mir ein Bier und stürzte mich ins erfrischende Salzwasser. Auf meinem ausgedehnten Stranderkundungstrip stolperte ich am Südende des Kuta Beach unabsichtlich in eine hinduistische Beerdigungszeremonie. Direkt am Strand wurden zwei Leichen verbrannt, umschlossen von dicken Bambusstämmen und mit einer Wellblechplatte gegen neugierige Blicke geschützt. Während die Flammen ihren Job taten, sah es aus, als würden die Angehörigen im angrenzenden Palmenwäldchen ein Barbecue veranstalten. So ist das, wenn man als guter Hindu wiedergeboren wird, da bleibt kein Grund für Trauer.

Am Abend und in der Nacht geht natürlich in Kuta Bali die Post ab. Bars mit Live Musik, Clubs und Restaurants ziehen die Feierlustigen in Massen aus ihren Hotelzimmern. Nicht immer erinnert sich jeder der Feiernden an seine gute Kinderstube. Möglicherweise nur ein Grund, warum die balinesischen Verkäufer in Kuta so unfreundlich auf Touristen reagieren. In ein fremdes Land fliegen, sich völlig abfüllen, rumpöbeln und wegen ein paar Euro mehr auf dem Bankkonto sich wie der Kaiser persönlich aufführen, kommt in keinem

Land gut an.
Einen Tipp hab` ich vielleicht noch für dich. Nur ein Szenario: Du gehst einmal zu späterer Stunde in einen der vielen Massage-Salons und bestellst eine 60-minütige traditionelle balinesische Massage (ab 3 Euro / Stunde). Sollte dann im Laufe der Massage irgendwann einmal gefragt werden, ob du noch die Nummer XY dazubuchen möchtest, dann sei dir bewusst, dass es sich dabei nicht um ein einfaches Ganzkörperpeeling handelt. Nur ein Szenario.

An meinem letzten Tag in Indonesien mietete ich mir einen Roller und cruiste den ganzen Weg nach Tanah Lot und dem Tanah Lot Temple. Der heilige Tempel ist auf einem Felsen im Meer erbaut und den Gezeiten ausgesetzt. Bei Ebbe kannst du zu ihm laufen und bei Flut ist er von den Wassermassen eingeschlossen. Er selbst ist einzigartig und durch seine Einzigartigkeit schwer zu bewerten. Muss ich ja auch nicht. Aber allgemein war der Ausflug zum Tempel enttäuschend. Es gibt Tausende Touristen überall. Völlig überkommerzialisiert. Nach der Ankunft musste ich erst Geld zahlen, um meinen Roller zu parken, danach weitere 40.000 Rp als Eintritt. Wenn du zu Fuß hinunter zum Wasser gehst, wo der Tempel steht, dann passierst du Märkte, Geschäfte und allerhand Fressbuden. Es gibt Menschen, die versuchen dir Laser, Luftballons, Spielzeug, Sarongs, Bilder und Vögel zu verkaufen. Das nervte. Genauso wie der Müll, der überall rumlag oder die gemeingefährlichen Selfie-Sticks, die wie Schwerter von den Besuchern geschwungen wurden.

Den Tempel selbst kannst du nicht betreten. Verständlich, die Menschenmassen würden das alte Bauwerk buchstäblich unter den Füßen zermalmen. Aber Geld regelt alles, auch auf Bali. Um einige Schritte hinauf zum Tanah Lot Temple zu machen, wirst du kurzerhand gesegnet und darfst eine „freiwillige“ Spende aus dem Portemonnaie zaubern. Du willst die heilige Schlange sehen? Kein Problem: einfach noch mal spenden.

Mein Fazit über Kuta Bali: Ehrlich, ich würde dir gern mehr Positives über Kuta Bali und den Tanah Lot Temple berichten, aber da gibt es nichts zu berichten. Ich kann dir nur empfehlen, Kuta zu meiden und die überlaufenen Tempelstätten gegen kleine, weniger touristische Tempelanlagen im Inland zu tauschen. Auch der Norden und Nordwesten von Bali sind momentan noch weniger überlaufen und wenn du den Balinesen offenherzig entgegentrittst so wie sie dir, dann findest du hoffentlich jemanden, der dich zu den entlegenen Spots bringt und in die Geheimnisse seiner Kultur einführt.

Tipps zu sportlichen Aktivitäten in Bali

Du musst dich nicht in Kuta oder Semiyak an den Strand packen und wie ein Grillhähnchen alle 20 Minuten für die perfekte Bräune umdrehen. Es gibt einige sportliche Aktivitäten, bei denen du den anderen Touristen mehr oder weniger aus dem Weg gehen und Bali in der Natur erleben kannst. Hier eine kleine Auflistung:

- Fahrradtouren: Leih dir ein Rad bei einem der zahlreichen Verleiher und erkunde Bali auf eigene Faust (2 Euro/Tag).
- Wildwasser-Rafting auf dem Ayung

- Vulkanwanderung auf dem Batur oder Agung: Obwohl man dir zu einem Guide raten wird, kannst du diese Vulkane auch selbstständig erklimmen und dort den Sonnenaufgang genießen.
- Tauchen in Padangbai
- Schnorcheln im 1942 versenkten amerikanischen Handelsschiff vor Tulamben
- Surfen auf Bali: Kuta und Legian bieten dir die besten Surfspots. Surfboards kannst du problemlos vor Ort ausleihen oder als Anfänger Unterricht nehmen.
- Wandertouren durch die Reisfelder um Ubud: Von einer Tour durch die Tegallalang Rice Terraces rate ich dir aber ab. Da treten dir die Touristenmassen gegenseitig die Fersen blutig.

Goodbye Indonesien

Dreißig Tage, 1 Stunde 15 Minuten, damit genau weltbewegende 75 Minuten zu lang, war ich in Indonesien. Der verrückte Sicherheitsmensch am Flughafen Ngurah Rai guckte böse. Tat so, als wäre ihnen Deutschlands größter Drogendealer in die Fänge gegangen. Mit all den funkelnden Abzeichen an der Brust rutschte er nervös auf seinem erhöhten Drehstuhl hin und her und vergrub sich geheimnisvoll hinter dem Flatscreen des PCs. Plötzlich stammelte er etwas von Overstay Payment und verweigerte die Ausreise.... Natürlich, die Burschen wollten Kohle haben, ich nur meine Ruhe. Ich war todmüde, hatte viel in den letzten Wochen erlebt: Du warst dabei, wie ich mit dem Rucksack Bali erkundete, Balinesen kennen lernte, die mir geduldig ihre Kultur und Religion einträufelten. Wie ich mich auf Lombok auf Indonesiens zweithöchsten, aktiven Lavaklumpen namens Mount Rinjani quälte und an meine körperlichen Grenzen kam. Wie ich und 17 andere legale Passagiere sowie eine unbestimmte Anzahl an illegal reisenden Ratten in vier Tagen auf einem kleinen Kahn von Lombok nach Flores schipperte. Wie ich mit Meeresschildkröten, kleinen Nemos und

imposanten, fünf Meter großen Riesenmantarochen schnorchelte. Ich bewunderte auf Komodo Island hinterlistige Komodo Dragons, besuchte kleine Archipele und zog den bestialisch stinkenden Geruch des einheimischen Fischmarktes von Labuan Bajo durch die Nase. Auf Sumbawa mietete ich einen Roller und fuhr so weit, bis befestigte Straßen aufhörten. Dort, wo der saftig grüne Regenwald anfängt, man von Bergen umzingelt ist und PKWs nicht fahren können. Die Hinterräder scharrten sich die ausgewaschenen Serpentinen hoch oder rutschten hinab. Ich überschlug mich sogar. Im Urwald kreuzte mein kleiner Honda-Roller den Weg einer über vier Meter langen, vollgefressenen Netzpython und ich kam in Regionen, wo sich sonst kein Tourist hin verirrt. Niemand sprach Englisch. Schreiende Kinder rannten aus ihren Hütten. Frauen versuchten mich zu berühren. Eine außergewöhnliche Reise. Du warst dabei.
Weil ich nach diesem Erlebnismarathon in Indonesien ausgebrannt war, diskutierte ich bloß 20 Minuten im kugelsicheren Büro des aufgeblasenen Sicherheitschefs, blechte die Strafe für 75 Minuten illegalen Aufenthalts und klemmte mich zwischen die engen Sitzreihen des Jetstar Billigfliegers. Das nächste unvergessliche Abenteuer wartete bereits auf mich: Australien, ich komme.

INDONESIEN: EIN RESÜMEE

Ein Monat Indonesien ist nicht genug. Ich sah nicht einmal einen Bruchteil des Landes und werde definitiv wieder kommen müssen. Es gibt noch so viele abgelegene Inseln und verschiedenartige kulturelle Einschläge, die ein Gesamtresümee über Indonesien momentan unmöglich machen. Borneo, Neuguinea und Timor sind nur drei Anstriche auf meiner To-Do Liste für Indonesien. Stell dir vor, wie großartig wäre es, vom östlichsten Zipfel Indonesiens bis zum westlichsten zu reisen. Einfach mit dem Fischerboot von Insel zu Insel und mit dem Fußbus durchs Landesinnere. Alles ohne Zeitrestriktionen. Das wäre ein wahres Abenteuer und der Garant für ein zuverlässiges Resümee. Zu diesem Zeitpunkt kann ich nur über die Orte meinen Senf abgeben, die ich erkundet habe. Es ist wie ein Blick durch das Fernrohr ins weite Universum. Ein Resümee, das durchwachsen ausfällt, wie du in den letzten Seiten herausgelesen hast.

Wenn du mein Resümee liest, vergiss bitte nicht, mit welchen

Augen du es betrachten musst: mit den Augen eines Backpackers nämlich, der es spartanisch, abenteuerlich und einzigartig liebt. Ein Pauschaltourist würde das nicht verstehen. Er kennt es nicht anders oder er will es nicht anders kennen. Pauschaltouristen sind es, die meine Reiseberichte lesen, sich als „Touri“ ertappt fühlen und mir immer wieder Arroganz vorwerfen. Dabei ist absolut nichts Arrogantes daran, wenn du danach strebst, das Maximale an Individualität aus deiner Reise herauszuholen. Im Gegenteil, es sollte deine oberste Prämisse sein. Es ist dein Urlaub, dein hartverdientes Geld und ich werde nicht müde werden, dich zum individuellen Reisen zu ermutigen.

Hinsichtlich Bali faszinierte und fasziniert mich immer noch die farbenfrohe hinduistische Kultur und einzigartige Natur mit ihren weitläufigen Reisplantagen, schroffen Vulkanen und goldgelben Stränden. Doch genauso stark ich fasziniert bin, genauso widert mich die touristische Ausbeutung einer ganzen Insel an. Um den Anfang des Buches aufzugreifen: Die verplante Vorstellung einer winzigen unberührten, fast verlassenen Insel im Indischen Ozean war natürlich Blödsinn. Sie zerplatzte wie eine Seifenblase im Hagelschauer. Keine tanzenden Einheimischen am kilometerbreiten, weißgoldenen Sandstrand. Keine meterhohen, mit Kokosnüssen prall gefüllten Palmen, die sich gemütlich im Rhythmus einer leichten Meeresbrise hin und herbogen. Kein mystischer, dichter Urwald im Hinterland, wo sich die wilden Stämme versteckten und in den prunkvoll verzierten Tempeln ihren Göttern huldigten. Doch noch gibt es kleine, unberührte Enklaven der balinesischen Kultur, überraschenderweise sogar in den Städten. Aber sie werden weniger und es ist eine Mammutaufgabe sie ausfindig zu machen. Leider. Tourismus killt Individualismus! Ich würde aus diesem Grund kein zweites Mal nach Bali Reisen.

An die weniger touristischen Inseln wie Lombok, Sumbawa oder Flores dagegen habe ich mein Herz verloren. Ich würde sie jederzeit wieder bereisen und kann dir nur immer wieder empfehlen: Versuch deinen Aufenthalt auf Bali so kurz wie möglich zu gestalten und verdrück' dich in die abgeschotteten Winkel des Landes. Das ist nicht bequem. Du musst mehr organisieren, bist nicht in Watte gebettet und kommst an irgendeinem Punkt definitiv in eine gefährliche Situation. Aber genau das macht den Reiz deiner Reise aus. Das macht ein Abenteuer aus. Das ist der Preis, den du für Freiheit und Individualität bezahlen musst. Das ist Leben.

NICE TO KNOW: NÜTZLICHE FAKTEN ZUM REISEN IN INDONESIEN

Wahrscheinlich stopfst du schon deine Socken, Badehose und Wanderstiefel in den Rucksack. Gut so. Für mich bestand immer das größte Abenteuer darin, in ein Land zu reisen ohne vorher viel darüber zu wissen. „Go with the flow" nennen es die Engländer. Lass dich treiben von den Gelegenheiten und erkunde Indonesien ohne Vorurteile. Nun, jetzt hast du das Buch gelesen und sicherlich das ein oder andere Vorurteil. Dafür möchte ich mich bei dir entschuldigen. Das Buch ist ein Reisebericht, kein Reiseführer, der kommerzielle Interessen verfolgt. Ich bin unabhängig. Ich versuche dich zum individuellen Reisen zu animieren und durch meine eigenen Erfahrungen vor Enttäuschungen zu bewahren sowie alternative Wege zu offenbaren. Selbst wenn du alles vorher Geschriebene für unnütz abtust, hier ein paar Fakten, die du definitiv für dein Indonesienabenteuer brauchen wirst.

Beste Reisezeit, Klima und Zeitverschiebung in Bali und Lombok

- Bali und Lombok haben tropisches Klima mit sehr hoher Luftfeuchtigkeit und Monsunwinden.
- Die Durchschnittstemperatur beträgt im Flachland 30 Grad, in höheren Lagen ist es deutlich kühler.
- In den Monaten November bis März musst du mit heftigen, tagelang anhaltenden Regenfällen rechnen. Es herrscht Nebensaison, dementsprechend günstig sind auch die Preise für Unterkünfte, Touren und Flüge. Wer da reist, umgeht die Touristenmassen, selbst in den Ballungszentren. Die Trockenzeit von April bis Oktober ist vom Wetter her

gesehen die beste Reisezeit und gleichzeitig etwas schonungsloser zu deinem Geldbeutel.

- Indonesien hat drei Zeitzonen. Von Westeuropa zu Bali und Lombok beträgt die Zeitdifferenz plus sieben Stunden, während der europäischen Sommerzeit sechs.

Transport nach und in Indonesien

Flugzeug

- Von Australien aus bekommt man ganzjährig günstige Direktflüge.
- Für Flüge aus Europa oder aus anderen Ländern lohnt es sich oft, einen Flieger nach Singapore, Jakarta oder Kuala Lumpur zu buchen und von dort aus mit einem günstigen Anschlussflug nach Bali (Ngruah Rai Airport bei Denpasar).
- Achtung: Für Indonesien brauchst du offiziell ein Rückflugticket oder einen Weiterflug. Einige Fluggesellschaften nehmen das sehr ernst. Zum Beispiel JetStar. Ohne Rückflugticket wollten diese mich in Darwin (Australien) nicht in den Flieger lassen.
- Die meisten Linien aus Europa machen Zwischenhalt in Singapore, Kuala Lumpur und in Jakarta. Tickets (Return) gibt es ab 850 Euro, bei rechtzeitiger Buchung, außerhalb der Saison und zu unbeliebten Flugzeiten auch deutlich günstiger.
- Den einzigen internationalen Flug nach Lombok bietet von Singapur aus Silk Air an (www.silkair.com).
- Im Inland fliegt die indonesische Fluglinie Merpati (www.merpati.co.id) mehrmals täglich mit kleinen Maschinen oder die Staatslinie Garuda (www.garuda-indonesia.com). Für gerade einmal 25 Euro kommst du so von Bali nach Lombok. Von Lombok aus kannst du mit verschiedenen Fluglinien weiter auf die östlichen Inseln Indonesiens (z. B. Flores) fliegen.

Schiffe / Fähren

- Zwischen allen größeren indonesischen Inseln verkehren Tag und Nacht Fährschiffe. Am günstigsten sind die public Ferry (öffentlichen Fähren). So kostet zum Beispiel eine

Überfahrt von Padang Bai nach Labuhan Lembar (Lombok) ca. 3,50 Euro und dauert fünf Stunden.

- Deutlich teurer sind Segelschiffe oder Schnellboote (1,5 Std; Gili Cat). Diese bringen dich von Padang Bai zu den Gili Inseln und Senggigi (Preise ab 50 Euro (oneway!)).

Bus

- Eine weitere günstige Möglichkeit zu reisen bieten Linienbusse, die auch mit der öffentlichen Fähre von Insel zu Insel übersetzen. Beliebte Routen sind Jakarta – Denpasar (Fahrzeit 24 Stunden, ca. 25 Euro) oder Denpasar – Mataram (7 Stunden Fahrzeit).

Auto

- Achtung: Linksverkehr!
- Zudem sind die Straßen auf Bali und Lombok oft im schlechten Zustand. Gerade nachts gibt es kaum Beleuchtung und die vielen Schlaglöcher, Menschen und Tiere auf den Straßen beherbergen ein hohes Unfallrisiko. Dazu kommt, dass in der Regenzeit viele Straßen überflutet und damit unpassierbar sind.

Mieten von Auto, Roller und Fahrrad

- Mit einem internationalen Führerschein bekommst du einen Mietwagen bereits für 20 Euro pro Tag (inklusive Fahrer für 30 Euro).
- Die günstigste Möglichkeit ist jedoch einen Roller (Scooter) auszuleihen (ab 3,50 Euro pro Tag). Aber bau keinen Unfall mit dem Scooter oder lass ihn dir klauen. Dann verlangt der Vermieter meist den Kaufpreis des Rollers von dir. Gerade auf Bali ist die Zahl der Diebstähle extrem hoch und die Aufklärungsquote dagegen verschwindend gering.
- Wer auf den grünen Daumen achtet, der kann sich auch ein Fahrrad mieten (ab 2 Euro Miete pro Tag).

Verrückte Verkehrsregel

Auch wenn es so scheint, in Indonesien will dich keiner mit seinem Vehikel umbringen. Oft ist das bei dem Harakiri Fahrstil in Lombok nicht ganz klar. Aber wenn du dich an diese Regel hältst, solltest du halbwegs sicher durch den

Straßenverkehr kommen:

- 1. Wenn ein entgegenkommendes Auto die Lichthupe betätigt, heißt das für dich: Fahr zur Seite oder brems‘ ab!
- 2. Wenn ein Auto hinter dir hupt, ist das keine aggressive Handlung. Es bedeutet: Ich überhole jetzt!
- 3. Wenn ein Auto vor dir den Blinker rechts setzt, aber offenkundig nicht abbiegen will, ist das nur eine gut gemeine Warnung. Es bedeutet: Nicht überholen, Gegenverkehr!

Banken, Geldwechsel & Währung

- Es gibt zahlreiche Banken in Indonesien, in denen du Geld abheben oder umtauschen kannst. Für mich hat sich das als unpraktisch erwiesen. Dadurch, dass es wirklich überall Geldautomaten gibt, kannst du Geld mit der Visa Card direkt auf der Straße abheben. Meine Bank verlangt dafür keine Gebühren und bei längeren Reisen (z. B. Weltreisen) lohnt es sich, über einen Wechsel des Kreditinstitutes nachzudenken. Auf meiner Homepage habe ich dazu einen Beitrag verfasst.
- Währungseinheit in ganz Indonesien ist die indonesische Rupiah (IDR oder Rp). Münzen gibt es in Form von 50, 100 und 200 Rp, Scheine zu 1000, 5000, 10000, 20000, 50000 und 100000 Rp.

Einreise & Ausreise

Visum

- Deutsche, Österreicher und Schweizer können seit 2015 bei der Einreise ein kostenloses Visum erhalten. Die 35 $ für ein „Visa on Arrival“ entfallen somit. Dieses Touristenvisa ist 30 Tage gültig und nicht verlängerbar.
- Wenn du länger im Land bleiben willst, musst du vor Ablauf des Visums bei der Indonesischen Botschaft ein neues beantragen. Das geht sehr unkompliziert über zahlreiche Agenturen in Indonesien.

Botschaft der Republik Indonesien in Deutschland und

Östereich

- Lehrter Str. 16-17 | 10557 Berlin | Tel. 030/478070 | Fax 44737142 | www.indonesian-embassy.de
- Gustav-Tschermak-Gasse 5-7 | 1180 Wien | Tel. 01/476230 | Fax 4790557 | www.kbriwina.at

Diplomatische Vertretung Deutschlands in Indonesien

- Embassy of the Federal Republic of Germany | Jl. M.H. Thamrin 1 | 10310 Jakarta | Indonesien | Tel. (+62-21-398-55000) | Fax (+62-21-390-1757; +62-21-316-2284 (Visa)) | www.jakarta.diplo.de
- Öffnungszeiten: Mo bis Do: 07:15 – 15:30 Uhr; Fr: 07:15 – 13:00 Uhr

Gesundheit (Versicherungen & Impfungen)

- Empfohlen werden Impfungen gegen Diphtherie, Hepatitis, Polio, Tetanus und Typhus sowie eine Malariaprophylaxe vor allem für Lombok und Sumbawa, wo erhöhte Malariagefahr besteht.
- Bei Einreise aus bestimmten Ländern (EU ausgeschlossen) muss eine gültige Gelbfieberimpfung vorgelegt werden.
- Weitere Informationen erhältst du auf der Homepage des Centrums für Reisemedizin http://www.crm.de
- Das Gesundheitssystem in Indonesien ist nicht das allerbeste. Bist du ernsthaft erkrankt, ist es ratsam, nach Australien oder Singapur auszufliegen.
- Auch wenn es mit Kosten verbunden ist, schließ unbedingt eine Auslandskrankenversicherung oder Reisekrankenversicherung ab. Dafür zahlst du lediglich ein paar Euro pro Tag. Ein Witz gegen die Kosten im Fall einer Erkrankung, die schnell in die Hunderte und Tausende von Euro gehen. Einen Krankenkassenvergleich gibt es auf meiner Homepage.
- Die beste medizinische Versorgung auf Bali und Lombok findest du in diesen Kliniken: Prima Medika Hospital | Jl. Pulau Serangan 9 | Denpasar | Bali | Tel. 0361/236225;

Mataram Hospital | Jl. Pejanggik 6 | Mataram | Lombok | Tel. 0370/622254.

- Bei kleineren Wehwehchen bekommst du auch Medikamente in zahlreichen Drogerien „Toko Obat".oder Apotheken „Apotik".

Notrufnummern

- Ambulanz: Tel. 118/119
- Feuerwehr: Tel. 113
- Polizei: Tel. 110; Polizeistation Kuta (Bali): Tel. 0361/751598; Polizeistation Ampenan (Lombok): Tel. 0370/621659

Trinkgelder

- Restaurant/ Hotel/ Warung: Wie in jeder Region, die von vielen Touristen besucht wird, ist es mittlerweile auch auf Bali normal Trinkgelder zu geben. In einigen Regionen, wie Restaurants und Hotels in Seminyak, wird sogar automatisch eine Service Charge (ca. 20%) auf die Rechnung aufgeschlagen. Da du aber ein armer Backpacker bist, gehst du in den kleinen Warungs essen. Dort dinieren meist nur Einheimische und ein Trinkgeld wird nicht erwartet.
- Taxi: Taxifahrer erwarten ein Trinkgeld und erschleichen sich dieses meist, indem sie behaupten kein Wechselgeld zu besitzen. Sollte das Taxameter ordnungsgemäß mitgelaufen sein, dann reicht es meist aus, auf den nächsten Tausender aufzurunden.
- Organisierte Touren: Wenn ich mit einem Service zufrieden bin, dann gebe ich ein Trinkgeld. Gern auch etwas mehr. Bin ich nicht zufrieden, dann geht der Kellner, Taxifahrer oder Tourguide definitiv leer aus. Für mich hat das nichts mit Beleidigung zu tun, das mache ich in Deutschland genauso. Gleiches trifft auf organisierte Touren zu, wie die Mount Rinjani Besteigung oder die Bootstour nach Komodo Island. Wenn mich jemand tagelang durch den Indischen Ozean schippert oder meinen Rucksack auf einen aktiven Vulkan schleppt, sind 100.000 Rp bei weitem nicht zuviel. Bei

kleinen Ausflügen bist du mit einem angemessenen Trinkgeld von 5.000 bis 10.000 Rp auf der sicheren Seite.

Kleiderordnung?

- Ja und Nein. Auf der Straße kannst du tragen, was du möchtest, ausgenommen dein abgenutztes Adam- und Evakostüm.
- Wenn du allerdings die Tempel besuchen möchtest, solltest du mindestens eine Schärpe tragen, die deine Knie bedeckt. Je nach Tempelanlage und Feiertag – und davon gibt es einige – ist sogar eine noch speziellere Kleidung Pflicht. In den touristischen Regionen Balis gibt es diese normalerweise am Tempeleingang.
- Auch als Frau solltest du nicht unbedingt im Minirock und bauchfrei durch Indonesien reisen. Falls doch, musst du damit rechnen angestarrt zu werden.

Zollbestimmungen

- Pro Kopf darfst du 1 Liter Alkohol und 200 Zigaretten oder 100 Gramm Tabak nach Indonesien einführen.
- Die Einfuhr von Schusswaffen und pornografischen Schriften ist strengstens verboten. Gleiches gilt auch für Drogen. Darauf steht in Indonesien die Todesstrafe, die regelmäßig – auch bei Ausländern – vollstreckt wird.
- Antiquitäten, die über 50 Jahre als sind, dürfen nur mit einer gültigen Exportlizenz ausgeführt werden.
- Ausländische Zahlungsmittel dagegen können in unbegrenzter Menge nach Bali und Lombok eingeführt werden.

Kleiner Reisewortschatz Indonesisch

Natürlich kannst du dich in Indonesien auch auf Englisch verständigen, aber das klappt meist nur in den Touristenzentren und bei Personen, die unmittelbar mit Urlaubern zu tun haben. In größten Teilen des Landes bleibt dir nichts anderes übrig, als mit Händen und Füßen zu kommunizieren. Trotzdem, aus meiner Erfahrung schätzen es die Einheimischen sehr, wenn man als Besucher wenigstens ein paar Brocken Indonesisch spricht. Gerade, wenn du als Backpacker unterwegs bist, wirst du dadurch von den Leuten ganz anders an- und vor allem aufgenommen. Und falls nicht, hilft dir ein selbstbewusstes TIDAK (Nein), um dich gegen aufdringliche Straßenhändler zu behaupten.

Indonesisch	**Deutsch**
Saya tidak bisa bahasa Indonesia.	*Ich spreche kein Indonesisch.*
Halo! / Hai!	*Hallo*
Selamat siang!	*Guten Tag*
Dahh! / Mari! / Yuk ah!	*Tschüss*
Sampai jumpa! / Selamat tinggal!	*Auf Wiedersehen*
Apa kabar?	*Wie geht es dir?*
Baik-baik	*Mir geht's gut.*
Tolong!	*Hilfe!*
ya.	*Ja*
tidak	*Nein*
Terima kasih!	*Danke*
Kembali!	*Bitte!*
Maaf, ...	*Entschuldigung*
Tos! / Pros!	*Prost!*
Hati hati!	*Langsam, langsam!*
Kamar kecil / WC	*Toilette*
Nama saya ...	*Ich heiße …*
Saya dari	*Ich komme aus …*
Saya mau ...	*Ich hätte gern …*
Berapa harga ... ?	*Was kostet …?*
Saya mau bayar	*Zahlen bitte.*

WEITERE BÜCHER

Kilimandscharo für Lebensmüde

»Keine laue Wandertour.
In dem sehr persönlichen, plastischen Abenteuerreisebericht „*Kilimandscharo für Lebensmüde*" nimmt uns Stefan Schüler mit auf seine Fußspuren durchs ungezähmte Tansania. Er lässt uns eintauchen in die Stunden und Tage eines blutigen Bergnovizen, der kein unbesiegbarer, heroischer Gipfelstürmer ist, sondern ein armer, höhenkranker Bergsteiger, dessen zerbrechlicher Hals sich ganz fest im Griff des Kilimandscharos befindet. Eine Kehrseite, die dem Leser zeigt, wie es einem unerfahrenen Backpacker in Tansania und am eisigen „Kili" geht, wenn plötzlich nichts mehr geht.«

Leseprobe: Kilimandscharo für Lebensmüde

[…] Kotze. Überall Kotze, die mir aus dem Rachen rinnt, während ich zusammengesunken und vornübergebeugt auf einem alten, schäbigen Holzbrett sitze. Der Rotz tropft mir von der Nase und vermischt sich mit den Tränen, die mir in die blutunterlaufenden Augen schießen. Nur wenige Sekunden später ertappe ich mich dabei, wie ich meinen feinsäuberlich verteilten Mageninhalt auf der geborgten Skihose und den fast eingelaufenen Wanderstiefeln bewundere. In meinem Schädel hämmert es unerträglich laut wie die Kolben einer alten Diesellok. Dabei verschwimmt mein Blick und es legt sich ein nebelartiger Schleier bei strahlendem Sonnenschein über meine Augen. So habe ich mir mein Kilimandscharo Abenteuer nun wahrlich nicht vorgestellt: Nichts von einem heroischen Gipfelstürmer. In diesem Moment fühle ich mich eher wie ein angezählter und besoffener Rummelboxer, dem man die Faust ganz tief und mit aller Inbrunst in den Magen gerammt hat. Nur, dass wir hier nicht auf der Kirmes in Hamburg sind, sondern in Tansania auf luftigen 5.739 Metern Höhe.

Egal, wie ich es auch drehe, das hier ist ernüchternd, jämmerlich und surreal zugleich. Es darf einfach nicht wahr sein. Denn all das, diese fast schon filmreife Situation, war noch bis vor wenigen Minuten völlig undenkbar für mich. War für mich lediglich dämliches Gequatsche von fantasiefreien und farblosen Berufspessimisten. Noch nie zuvor habe ich ernsthaft und wahrhaftig daran gezweifelt, diesen Gipfel zu erreichen. Aber hier und jetzt, wo ich am ganzen Körper zittere, mit Kotze verschmiert und am Ende meiner Kräfte bin, erlebe ich mein ganz persönliches Armageddon, erlebe ich mein lebendig gewordenes Waterloo in der eisigen Kälte Afrikas. Und während das melodische Hämmern in meinem Schädel beharrlich lauter wird, quält mich immer wieder diese eine, diese brennende Frage nach dem Warum. Warum ich Vollidiot mich vor fünf Tagen an einem sonnigen Montagmorgen – damals noch gut gelaunt im Auto – bis zum

Fuße dieses verdammten Berges karren ließ und wie es dazu kommen konnte, dass ich just in diesem Moment bis zur Oberkante-Unterlippe im dicksten Schlamassel meines jungfräulichen Bergsteigerlebens steckte. Also, was war bloß passiert mit dem euphorischen und vor Kraft strotzenden Stefan von damals? Wie konnte mein kleines, idyllisches Bergsteigerabenteuer nur derart schieflaufen? Und vor allem: wer isst jetzt die Torte? […]

Tansania Hautnah: Das etwas andere Länderporträt

»Es gibt Länder, die lassen dich nicht mehr los – Tansania ist so eines.«

»Dem Tod am Kilimandscharo von der Schippe gesprungen, kehrt Stefan Schüler drei Jahre später auf den schwarzen Kontinent Afrika zurück. Monatelang durchstreift er als Backpacker Tansania, sitzt am lodernden Buschfeuer der letzten Jäger und Sammler, kraxelt auf schwefelspeiende Vulkanberge und lebt in Armutsvierteln.

Authentisch, mit einer Prise Humor, entführt

„TANSANIA hautnah: Das etwas andere Länderporträt" den Leser auf eine lebendige Reise abseits der ausgetrampelten Pfade und bringt ihm ein Land und seine Menschen nahe – mit all dem grellen Licht, das auf sie scheint, aber auch den dunklen Schatten, die sie werfen.

Ein abenteuerlicher Reisebericht mit Blick hinter die Kulissen des schnöden Massentourismus, der zum individuellen Reisen inspiriert. Das richtige Buch für jeden, der in Tansania mehr als nur den prestigeträchtigen Mount Kilimanjaro oder die Gewürzinsel Sansibar sehen möchte.«

360° Down Under: Tagebuch eins Rumtreibers

»Sein erstes Känguru in Down Under ist ein plattgefahrenes. Ein Jahr durchstreift Stefan Schüler den roten Kontinent, gibt Einblicke in ein Land der Bumerang schwingenden Aborigines, chronisch abgebrannten Backpacker und lebensmüden Kängurus.

Ob allein mit dem Rucksack durch dichten Regenwald, Zelten mit Krokodilen, Bergsteigen, wochenlange Touren mit dem matschbeschmierten Geländewagen durchs Outback oder tausende Kilometer durch die Wüste Trampen, was er erlebt, ist inspirierend. Mit diesem sehr persönlichen, plastischen Reisebericht „360° DOWN UNDER: TAGEBUCH EINES RUMTREIBERS“ motiviert Stefan Schüler zum individuellen Reisen und zeigt auf, wie einfach es ist, Abenteuer in Australien zu erleben – mitunter mehr, als ihm lieb ist. «

Leseprobe: 360° Down Under

[…] Roter Staub quillt empor, schießt in den blass-blauen Himmel über Australiens Outback - rieselt gemütlich zu Boden. Aus den schwächlichen Boxen des Mitsubishi Challenger hustet uns Eric Burdon seine sechziger Jahre Mucke entgegen und überall am Horizont zieht dichter Rauch auf. Der Busch brennt. Nichts Neues, hier brennt alles. Unbeeindruckt davon, brutzelt die sengende Mittagssonne meinen rechten Unterarm knusprig-braun, der lässig aus dem Seitenfenster hängt und den Takt zu Burdons „House of The Rising Sun“ gegen die Autotür trommelt. Boom Bada Boomboom, Boom.

Zu beiden Seiten fliegen Fächerpalmen an uns vorbei und der Jeep bahnt sich seinen Weg durch das wilde Herz der Kimberley Region. Abgemergelte Dingos schleichen flüsterleise durch das Unterholz, während überfahrene Kängurus den Feldweg säumen, lebendige noch panisch über die versandete Piste hüpfen. Der Tempomat gibt die Geschwindigkeit vor und wir cruisen gemütlich durchs unendliche Outback. Boom Bada Boomboom, Boom. Was für ein Tag. Fast perfekt:

Blitzartig ragt ein großer Gegenstand aus der Sandpiste, ein zweiter taucht rechts vor meiner carbonfarbenen Motorhaube auf. Nichts Ungewöhnliches hier draußen. Abgeklärt versuche ich, den Geländewagen hindurch zu zirkeln. Im selben Moment beschleunigt der Tempomat die dicken Hinterräder – verdammt. Schon kommt das Heck des Challenger. Es bricht aus. Bei Tempo 100 kein Spaß. Gegenlenken. Das Auto schleudert symphonisch von links nach rechts und die

Vorderräder rattern über die wellenförmig ausgeschlagene Piste, verlieren an Traktion. Zu spät. Das Heck schiebt noch mehr; rutscht bedrohlich nahe an den aufgeschütteten, steinigen Fahrbahnrand. Beängstigend nahe an Bäume heran. Hastig reiße ich ein letztes Mal das Lenkrad rum. Machtlos: Der linke Hinterreifen schlägt gegen einen der Steinhaufen; hebelt den tonnenschweren Mitsubishi spielend leicht aus, wie jemanden, dem man ein Bein stellt. Wir überschlagen uns.

Der Gurt verbeißt sich brutal in meine Schulter. Das dumpfe Verbiegen von Metall ist zu hören und das Glas der berstenden Autoscheiben rieselt in den Innenraum. Ich verliere die Orientierung. Wie in einer riesigen Wäschetrommel wird alles auf links gedreht. Die Zeit läuft nicht langsamer, steht nicht still. Kein schwarz-weiß Film, der am inneren Auge vorbei zieht. Kein rasend schlagendes Herz. Keine Angst. Ich blicke hinüber zu meinem Beifahrer, der die Hände über den Kopf zusammen geschlagen hat und mich entsetzt mit großen, weit aufgerissenen Augen anschaut. Wir überschlagen uns immer noch. Rollen ein, zwei Mal, bis der wuchtige Jeep mit einem gewaltigen Ruck und in einer angeschwollenen Staubwolke zum Stehen kommt. Der V6-Motor jault auf und das dicke Profil der Hinterräder scharrt sich ein im weichen, ockerfarbenen Sand der Kalamburu Road. Ich schalte die Automatik auf neutral. Burdon ist die Stimme im Halse stecken geblieben. Gespenstische Stille. […]

Du möchtest wissen, wie es weiter geht? Kein Problem.

Alle meine Bücher sind als E-Book und Taschenbuch erhältlich.

KONTAKT UND RECHTLICHE HINWEISE

Für Hinweise auf Unklarheiten und inhaltliche Fehler bin ich als Autor sehr dankbar, um diese in zukünftigen Ausgaben beseitigen zu können. Das gilt natürlich ebenso für Rechtschreibfehler und dergleichen.

Des Weiteren würde ich mich freuen, wenn mir Wünsche und Anregungen über Themen mitgeteilt werden, die gerade im Faktenteil, aber auch im Reisebericht, nicht oder zu kurz behandelt worden sind.

Schreibe an:
E-Mail: stefan[at]burning-feet.com
Homepage: www.burning-feet.com
Facebook:www.facebook.com/myburningfeet
Instagram: @my_burning_feet

Sollte dich zudem die Langeweile packen oder du ein, zwei Minütchen deiner Zeit übrig hast, so kannst du gerne eine Rezension über das Buch – positive sowie negative – auf Amazon.de hinterlassen.

ÜBER DEN AUTOR

„Er besteigt Berge, bereist ferne Länder und am Ende steht jedes Mal ein Buch. Stefan Schüler, Sportwissenschaftler, Autor und Abenteurer.“

Stefan wurde am 09. August 1983 in Zerbst, Sachsen Anhalt, geboren. Sonst geschah nichts an diesem Tag. Niemand Berühmtes erblickte das Licht der Welt oder starb. Nicht einmal ein Feiertag oder popliges Jubiläum fand seinen Platz an diesem Dienstag im Jahr ’83. Wow, ein von der Geschichte freigehaltener Tag. Aber was nicht ist, kann noch werden und bis dahin bist du herzlich eingeladen ihn auf seiner Homepage zu besuchen: *www.burning-feet.com.* Dort gibt es die leicht „uniforme“ Vita sowie Informationen zu Büchern, Blogs, aktuellen Projekten und die Gelegenheit, ihn zu Pressereisen und Kooperationen anzuschreiben.

Folge mir bei meinen Abenteuern auf

www.burning-feet.com
www.facebook.com/ myburningfeet
@my_burning_feet
#burningfeet

Deine Plattform für Abenteurer, Weltenbummler und die, die es werden wollen.

Hat dir das Buch gefallen?

Nimm dir bitte 2 Minuten Zeit und schreibe eine ehrliche Rezension auf Amazon. Du unterstützt damit mich als selbstpublizierenden Autor.

Danke!

So gelangst du zur Bewertung:

Amazon.de > Mein Konto > Meine Bestellungen > Schreiben Sie eine Produktrezension

oder

Amazon.de > Suchbegriff ABENTEUER INDONESIEN > *Kundenrezension verfassen*

Printed in Germany
by Amazon Distribution
GmbH, Leipzig

29643067R00059